Votre CV
votre lettre de motivation, votre CV et vos entretiens 2018

Par Patrick Taranto

Préface de Sybil Persson

~~~

Smashwords Edition

Conseils pour vous faire recruter !

_____O_____

Une méthode fiable et complète pour optimiser votre recherche d'emploi ou de stage, votre CV et vos entretiens d'embauche

Avec des questionnaires et des exercices interactifs à remplir soi même et un plan de 6 semaines pour trouver votre prochain stage ou votre prochain emploi avec des conseils pour une recherche d'emploi efficace:

Le Guide 2018

Mention légales pour les acheteurs en France

MEDIA JD

Copyright © 2018 Patrick Taranto. Tous droits réservés

Toute représentation ou reproduction intégrale, ou partielle,sous quelque forme que ce soit (électronique,email, pages internet, réseau, impression par photocopie ou autres) faite sans le consentement de l'auteur ou de ses ayants droits ou ayant cause est illicite (loi Du 11 mars 1957 alinéa 1 de l'article 40)

Cette représentation ou reproduction illicite, par quelque procédé que ce soit, constituerait une contrefaçon sanctionnée par les articles 425 et suivants du Code pénal. Merci de ne pas distribuer ce document.

Mentions légales pour les acheteurs à l'international :

Toute reproduction ou distribution (via email, disquette, réseau ,impression sur imprimante ou tout autre procédé que ce soit) à une autre personne que l'acheteur est strictement interdite. Elle constituerait une violation des droits d'auteur. Elle serait donc passible de sanctions. Ce manuel est protégé par les lois internationales du Copyright.

Smashwords Edition, License Notes

This ebook is licensed for your personal enjoyment only. This ebook may not be re-sold or given away to other people. If you would like to share this book with another person, please purchase an additional copy for each recipient. If you're reading this book and did not purchase it, or it was not purchased for your use only, then please return to Smashwords.com and purchase your own copy. Thank you for respecting the hard work of this author.

Limites de responsabilités

L'auteur et l'éditeur de cet ouvrage ont mis tous leurs meilleurs efforts afin d'éditer ce programme ; L'auteur et l'éditeur ne garantissent en aucun cas, l'application de ce programme. Ils déclinent toute responsabilité quant à l'usage qui en est fait. L'auteur et l'éditeur ne sauraient en aucun cas être tenus comme responsables pour toute perte ou tout type de dommages directs ou indirects, quel qu'en soit la nature, liés à l'utilisation des informations contenues dans ce livre.

Comme toujours, le recours à un consultant spécialisé devra être recherché.

Tous les noms, marques ou logos cités sont des marques déposées de leurs propriétaires respectifs.

L'auteur, Patrick TARANTO, et l'éditeur ont fait leurs meilleurs efforts pour produire un produit de qualité, utile et fiable.

Print ISBN 9781980234371

Media JD
6, rue Rodier
75009 Paris
France
Tel : 0601325551
patrick.taranto@adequatis.com

« **Patrick Taranto a réuni dans cet ouvrage une foule de conseils, fiches, pistes, adresses...**

Le lecteur n'a plus qu'à choisir ... et, surtout, faire les exercices... »

DANIEL POROT

Auteur de « Comment trouver une situation » best seller vendus à plus de 150 000 exemplaires

Porot & Partenaire
Rue de la Terrassière, 8
1207 GENEVE – SUISSE
Tél: +41 (0) 22 700 82 10
Fax: +41 (0) 22 700 82 14
e-mail : porot@compuserve.com

Sites : www.porot.com

Sommaire

Le Guide 2018

Sommaire

Remerciements

Préface

Introduction

-De l'importance de vos choix

-Approche tactique ou stratégique ?

Chapitre 1 : Le management de votre recherche d'emploi

-Section 1 : Plan de huit semaines pour trouver un emploi ou un stage

-Section 2 : Choisir un métier (voie express)

--Exercice 1 : Votre vision professionnelle

--Exercice 2 : Votre mission professionnelle

--Exercice 3 : Faites vous aider par un test pour déterminer votre projet professionnel

Chapitre 2 : Votre projet professionnel

-Etape 1 : Définir les projets professionnels susceptibles de vous intéresser

-Etape 2 : Définissez une liste de critères de choix de votre futur projet professionnel

-Etape 3 : Le bilan personnel et professionnel

-Etape 4 : Le marché du recrutement en 2018

--Analyse globale des offres d'emploi des entreprises

--Etat de l'offre de stage et d'emplois des entreprises par pays

--Etat de l'offre de stages et d'emplois par secteurs d'activités

--Descriptifs de fonctions de l'entreprise

-Etape 5 : Validation de votre projet professionnel

-Etape 6 : Hiérarchisation des projets (selon le « matching » ou l'adéquation entre votre profil et les exigences du poste)

-Etape 7 : La décision : le meilleur projet

Chapitre 3 : La communication de votre offre

-Section 1 : Votre publicité

--La communication directe auprès des recruteurs

--Votre sourcing d'offres

-Section 2 : La rédaction de votre curriculum vitae

--Votre CV gagnant : le fond

--Votre CV gagnant : La forme

-Section 3 : La lettre de motivation

Chapitre 4 : L'entretien d'embauche

-Section 1 : L'entretien : mode d'emploi

--Les Bases

--Les Types D'entretien

--Les Différents Types De Recruteurs

-Section 2 : Avant L'entretien

--Préparation Matérielle

--Préparation Physique

--Préparation Intellectuelle Et Emotionnelle

-Section 3 : Pendant L'entretien

--Le Langage Non Verbal

--Le Langage Verbal

--La négociation salariale

--La conclusion de l'entretien

-Section 4 : Après L'entretien

--La Décompression

--Capitalisez

--Ecrivez Une Lettre de Remerciements et de confirmation d'intérêt

Conclusion : Une méthode interactive

Carnet d'adresses utiles

Les incontournables

Liste de sites d'entreprises

Listes de sources d'emplois ou de stages

-Les Editeurs de Moteurs de Recherche et Sites Portails

-Les Jobboards ou sites emplois

-Les Editeurs de Presse Ecrite

-Les Chaînes de Télévision et Radios

-Les Institutionnels

-Les Organisateurs de Forums et Salons

-Les Cabinets de Recrutements et agences d'intérim

-Les Editeurs Spécialisés

-Les Ecoles/Universités/MBA

-Les Réseaux

-Associations

-Autres

Bibliographie

Remerciements

Merci à

Alban Lacourt

Alisa Zolotuhina

Antoine Poiron

Arnaut Martin

Benoît Montes

Bruno Rodriguez

Cécile Caron

Cédric Berberovic

Céline Baffaleuf

Céline Muller

David Hugon

Daniel Cohen

Bernard Paoli

Iole Sedes

Jacques Douënel

Emmanuel Ambroseti

Emmanuelle Savigny

Eric Guillon

Eric Heng

Fabrice Portillo

Frederic Hammond

Frederic Larue

Guillame Villeval

Guy Martial Olonha

Gwen Dufour

Jane Ayaduray

Jean Francois Amah

Jean Michel Madec

Laure Andres

Laure Helene Tardif

Lionel Euphrosine

Ludovic Berault

Marc Neff

Mathieu Guilleval

Henri Lefebvre Vary

Mylene Dutaut

Nicole Konz

Olivier Gollnick

Peng Kuong Ung

Perrine Mathe

Pierre Girbon

Romain Cettier

Sandrine Brival

Sebastien Coquet

Sebastien Mayemba

Serge Nely

Siv Ly Seang

Sophie Ciancas

Tape Huberson

Thibault Le Mouellic

Valentine Chapus

Valery Le Bouder

Vanessa Duballut

Veronique Ferret

Xavier Akossi

Xavier Kulinicz

Xavier Parfait

Ya Kan Lai

Yann Fermal

Yohann Buquet

Louise Wortley

Roland Taranto

Rose Taranto

Ludovic Felicani

Sarah Graule

Gerard Mollard

Pierre Le Roux

Jacques Bazin

François Tillit

Jacques Habert

Anne Duvigneau

Andrew James

Pierre Dehe

Jean Paul Hamon

Henri Lefebvre Vary

Roch Drozowski

Cyril Papadacci

Judikael Trakoulat

Olivier Noiton

Frederic Delattre

Thierry Billoir

Bernard Mahy

Jean Michel Wayoff

Olivier Le Marois

Groupe BPI

Préface

A l'heure où chacun est censé réussir sa vie, et piloter sa carrière, il devient indispensable d'offrir un accompagnement opérationnel de qualité pour tous les voyageurs en chemin.

Ils peuvent être en partance – les jeunes diplômés-, en mise sur orbite – les battants, mais aussi en errance – les salariés en transition-, ou encore en vacance – les demandeurs d'emploi-.

Quelle que soit la catégorie à laquelle appartient le lecteur ou la lectrice de cet ouvrage, il ou elle pourra le parcourir aussi bien en vagabond qu'en pèlerin.

Chacun trouvera, à sa mesure, de quoi alimenter sa réflexion et piloter sa démarche avec efficience et pertinence dans un contexte fortement impacté par le développement des informations en ligne et des réseaux relationnels et professionnels.

Les nombreux apports de l'ouvrage, constamment réactualisés, prennent en compte la dynamique évolutive d'un marché qui va de plus en plus devoir faire la part belle à une véritable négociation entre employeur et salarié.

Au sein des enjeux d'une telle démarche figurent l'information et la relation : être informé en général pour mieux s'informer spécifiquement et savoir qui et comment informer, mais aussi se connaître pour mieux se faire connaître et être reconnu.

Pour cela, il importe d'être au clair avec ce que l'on veut, mais il convient aussi de savoir aussi ce que l'on ne veut pas. Il devient alors possible de se projeter en toute responsabilité et discerner contraintes et opportunités dans un environnement où il convient de savoir naviguer.

Avec ce livre outil, Patrick Taranto a réussi la synthèse impossible qui consiste à adopter à la fois la posture du conseiller qui guide et la posture du coach qui accompagne.

En véritable pédagogue, il met avec précision, clarté et minutie, le lecteur sur le chemin d'une réflexion à construire et d'une action à penser.

SYBIL PERSSON
DIRECTEUR ECOLE DU COACHING
ICN BUSINESS SCHOOL

Introduction

Ce guide est un document de travail personnel dont vous êtes le propriétaire exclusif. Il a pour ambition de vous aider à définir, à présenter et concrétiser votre projet professionnel en France et à l'international.

De l'importance de vos choix

Les choix de carrière sont des décisions importantes dans notre vie. Vos choix affectent vos revenus futurs, votre bonheur, voire votre santé.

Notre objectif est de :

• Vous fournir des outils et une méthodologie simple et éprouvée pour gérer votre carrière en France ou à l'international.

• Décrire dans ses grandes lignes le marché de l'emploi en 2018 selon les pays et les secteurs ; vous révéler les métiers qui marchent

• Vous indiquer les acteurs du recrutement et les meilleurs pistes pour concrétiser votre projet professionnel au niveau local ou international.

• Vous aider à rédiger votre CV et votre lettre de motivation en français et en anglais

• Vous donner les meilleurs conseils pour réussir vos entretiens individuels d'embauche

Si vous le voulez bien, installez-vous confortablement. Etes-vous prêt ?

Considérez ce document comme un ami, ouvrez le dialogue avec lui ; certains espaces sont réservés à vos notes, et ne vous étonnez pas de découvrir au fil des pages quelques réflexions personnelles de son auteur !

Approche tactique ou stratégique ?

Deux cas sont possibles :

- Vous savez déjà ce que vous voulez faire : Bravo ! Repassez rapidement les étapes bilan marché et projet pour simple validation ou passez directement à la partie pratico pratique de ce guide.

- Vous n'avez pas d'idée de ce que sera la prochaine étape de votre course de vie ; vous avez alors à déterminer votre projet professionnel.

Vous êtes alors dans une démarche stratégique.

Chapitre 1 : Le management de votre recherche d'emploi

Comment faire pour choisir entre tous les métiers possibles de la société ? Comment définir votre projet professionnel ? Comment mener sa recherche d'emploi ou de stage ?

Section 1 : Plan de huit semaines pour trouver un emploi ou un stage

Ce plan est conçu pour vous aider à organiser et planifier vos actions.

Reprenez le autant de fois que nécessaire.

Semaine 1 :

Trouver un coach (si possible) : ce peut être un ami ou un parent ou un coach de notre équipe

Prenez l'engagement de trouver un stage ou un emploi dans les 3 mois qui viennent

Etablissez votre plan d'actions

Faire votre bilan personnel et professionnel ;

Préparez vous une courte présentation ou "pitch" de 60 secondes pour vendre vos compétences simplement

Préparez votre tenue pour les entretiens d'embauche

Evaluer vos progrès avec votre tableau de bord

Semaine 2 :

Analyser le marché d'emploi

Définir clairement 3 voire 4 projets professionnels précis

Faites une liste de 45 entreprises susceptibles de vous intéresser

Il peut s'agir de de grands groupes du CAC 40 ou du Nasdaq , de start ups, de petites entreprises dynamiques de votre région voire de collectivités publiques à la recherche de contractuels

Faire votre enquête au moins 5 des 45 entreprises qui recrutent et qui vous intéressent

Passer au moins 5 minutes sur chaque recruteur. Faites un dossier sur chaque « client »potentiel.

Choisir 4 filières de prospection parmi les 12 possibles.

Faites en sorte que votre réseau soit l'une des 4.

Contacter cinq personnes de votre réseau relationnel pour leur parler de vos projets

Explorer deux nouvelles pistes de recherche d'emploi et de stage

Faites au moins deux démarches significatives par jour

Evaluer vos progrès

Semaine 3 :

Finaliser votre CV

Finaliser votre lettre de motivation

Explorer deux nouvelles pistes de recherche d'emploi et de stage

Contacter cinq personnes de votre réseau relationnel pour leur parler de vos projets

Participer à un forum de recrutement ou à un salon professionnel

Faites au moins deux démarches significatives par jour

Evaluer vos progrès

Semaine 4 :

Contactez 3 personnes de votre réseau par téléphone ou par mail par jour

Faites leur votre speech et demandez leur si elles connaissent des personnes travaillant dans l'une de vos 45 entreprises cibles voire ailleurs ; Par ailleurs demandez leur de revoir votre CV et votre lettre de motivation voire de faire une simulation d'entretien avec vous.

Préparez vous pour vos entretiens

Envoyer 20 candidatures spontanées

Participer à 2 forums de recrutements ou salons professionnels

Interroger cinq professionnels heureux

Faites au moins deux démarches significatives par jour

Evaluer vos progrès

Semaine 5

Faire 10 candidatures spontanées

Répondez à 5 petites annonces

Préparer vos arguments pour vos entretiens d'embauche

Passer deux entretiens d'embauche

Faites au moins deux démarches significatives par jour

Entraînez vous aux tests d'intelligence

Evaluer vos progrès

Semaine 6

Envoyer 10 candidatures spontanées

Répondre à 5 petites annonces

Passer deux entretiens d'embauche

Créer une association ou un groupe de recherche d'emploi ou de stage

Evaluer vos progrès

Semaine 7

Faire 10 candidatures spontanées

Répondez à 5 annonces

Préparer vos arguments pour vos entretiens d'embauche

Passer deux entretiens d'embauche

Faites au moins deux démarches significatives par jour

Evaluer vos progrès

Semaine 8

Faire 10 candidatures spontanées

Répondez à 5 annonces

Préparer vos arguments pour vos entretiens d'embauche

Passer deux entretiens d'embauche

Faites au moins deux démarches significatives par jour

Evaluer vos progrès

Signez votre convention de stage ou votre contrat de travail

Préparez votre intégration en entreprise.

Section 2 : Choisir un métier (voie express)

Pour déterminer votre projet professionnel, il existe plusieurs méthodes que nous allons vous faire découvrir au fil des exercices suivants :

Exercice 1 : Votre vision professionnelle

« Là ou il n'y a pas de vision le peuple est en péril » Proverbes 29 :18 La Bible

Avez-vous un rêve professionnel ? Avez-vous déjà une vision de votre vie professionnelle ? Quelle est votre philosophie de la vie ? Pour vous aider, vous pouvez découper dans un journal des images qui illustrent votre vision professionnelle.

……………………………………………………………………..

……………………………………………………………………..

Exercice 2 : Votre mission professionnelle

Imaginez que vous n'avez aucune limitation juste un instant, imaginez que vous disposez de tout le temps, de tout l'argent, de toute la formation, de toute l'expérience, de tous les amis, de tous les contacts, de toutes les ressources, d'absolument tout ce dont vous avez besoin pour accomplir ce que vous voulez, quel serait alors votre métier ? Imaginez comme Bill Gates, Walt Disney ou les frères Wright ont imaginé.

……………………………………………………………………..

……………………………………………………………………..

……………………………………………………………………..

Exercice 3 : Faites vous aider par un test pour déterminer votre projet professionnel

Il existe beaucoup de test sur le marché.

Je vous signale les suivants :

http://www.assessment.com

Ce test a l'avantage d'être gratuit.

Il donne aussi des informations intéressantes sur les carrières avec lesquelles vous êtes le plus en adéquation.

selfdirectedsearch.com

Myplan.com

Si vous n'avez pas de vocation ou n'êtes pas pleinement satisfait par les méthodes exposées ci-dessus, nous vous proposons une autre méthode ;

Chapitre 2 : Votre projet professionnel

Si toutes les précédentes méthodes classiques pour choisir votre voie professionnelle ne vous donnent pas entière satisfaction, alors nous vous proposons de suivre notre modèle d'aide à la décision.

Suivez la méthode que nous vous donnons pour vous aider à mettre toutes les chances de votre côté pour décrocher votre prochain poste.

Notre méthode accroît votre liberté de décision.

En dernier recours, suivez vos intuitions.

La démarche ressemble à un jeu.

Cependant, ce n'est pas un jeu de hasard, mais plutôt un jeu de stratégie qui nécessite pour gagner un maximum de vigilance ; il sera nécessaire de réfléchir, de mesurer les options, d'en évaluer les avantages, de faire appel à des experts pour optimiser vos gains et diminuer vos risques.

Cette méthode en plusieurs étapes vous est exposée dans tous ses détails ci-dessous.

Tout au long de ces étapes, nous allons nous servir d'une grille d'analyse appelée fiche Adequatis.

Etape 1 : Métier envisagé : ....

Etape 2 : Critères	Etape 3 : Votre bilan personnel	Etape 4 : Attentes du marché	Etape 5 : Adéquation
Formation			
Langues			
Informatique			
Compétences & expérience			
Qualités			
Zone de réactivité cérébrale			
Motivation			
Rémunération			
Facteur d'opportunités			
Autres critères			
Total			

Vous allez la découvrir et la remplir au fur et à mesure que nous cheminerons ensemble.

Pour trouver votre prochain emploi ou votre prochain stage, vous avez à suivre 5 étapes :

Etape 1 : Définir les projets professionnels susceptibles de vous intéresser

Etape 2 : Définir les critères de choix de votre projet professionnel

Etape 3 : Faire votre bilan personnel et professionnel

Etape 4 : Identifier les exigences requises des recruteurs sur les projets professionnels qui vous intéressent

Etape 5 : Valider l'adéquation de votre profil par rapport aux projets de votre choix

Etape 6 : Hiérarchiser les options et faites votre choix

Etape 1 : Définir les projets professionnels susceptibles de vous intéresser

Définition

Votre projet professionnel, c'est ce que vous voulez faire en termes de :

Métier

Secteur

Pays

Type d'entreprise

Il représente la meilleure adéquation entre votre profil et les opportunités professionnelles, le meilleur couple produit/marché (Vous/offres d'emplois).

C'est votre meilleur créneau où à la fois vous disposez du maximum d'atouts personnels et professionnels et en même temps où le marché de l'emploi offre le maximum d'opportunités. C'est votre domaine d'excellence, le domaine où vous êtes un « génie » !

Pourquoi avoir un projet professionnel ?

Le projet professionnel vous permet de :

- mieux définir vos priorités

- définir une cible pour vos recherches, clarifier votre but ;

- formuler votre marketing mix et en particulier bâtir une stratégie de distribution adaptée ;

- devenir acteur de votre développement professionnel ;

- mieux rédiger vos CV et lettres de motivation ;

- être plus sûr de vous en entretien car vous aurez un argumentaire construit et vous saurez répondre sans hésiter à la question : quel type d'emploi recherchez vous ? qu'est ce qui vous motive pour ce poste ? Quels sont vos atouts pour y réussir ?

Comment vous voyez vous dans cinq ans ? Quels métiers vous attirent ?

1. Etablir dans un premier temps, une liste de fonctions susceptibles de vous plaire

Exercice : Vos fonctions de prédilection

Quelles sont les fonctions de l'entreprise qui vous plaisent le plus ?

…………………………………………………………………..

Le marketing ? la recherche et développement ? la qualité ?

…………………………………………………………………..

Exercice : Votre secteur d'activité de préférence

Quels sont les secteurs d'activité qui vous plaisent ? Exemples : l'automobile, les nouvelles technologies,...

………………………………………………………………..

Etes-vous attiré par une grande ou une petite structure ?

………………………………………………………………..

Exercice : Votre région d'activité préférée

Souhaitez-vous travailler sur des projets à dimension locale ou globale ?

………………………………………………………………..

Y a-t-il une région ou un pays où vous aimeriez particulièrement travailler ?

………………………………………………………………..

Du fait de la mondialisation des entreprises, (accentuée par la création de la zone euro) vous serez amené à travailler dans un contexte international :

- soit parce que depuis la France vous travaillerez sur des projets internationaux, dans une entreprise française ou étrangère.

-Soit parce que vous travaillerez à l'étranger.

Sachez que déjà entre 15% et 30% des jeunes diplômés des écoles de commerce commencent à l'international.

Les conditions d'intégration sont excellentes (salaire +15%) Et la proportion s'accroît chaque année.

La tendance est identique dans les écoles d'ingénieurs.

Une offre d'emploi sur deux en France se situe dans un contexte international fort : maîtrise d'une voire deux langues européennes, environnement multiculturel, mobilité internationale exigée,…

"La globalisation de l'économie entraîne une globalisation des ressources humaines.

Disposer d'une expérience significative à l'étranger (surtout professionnelle : mini 6 mois à 12 mois) dans son CV permet de trouver vite et bien son 1er emploi mais aussi de bien rebondir sur le 2ème emploi." Frederic Avry

C'est pourquoi, nous aborderons souvent la question de l'international au fil de nos pages.

Ecrivez ici les 5 perspectives de carrière ou projets professionnels qui vous intéressent le plus :

Nous définirons une perspective par le croisement d'une fonction dans un secteur dans une région

Par exemple : trader dans une banque à Londres est une perspective.

Perspective 1………………………………………………………………..

Perspective 2. ……………………………………………………………

Perspective 3. ……………………………………………………………

Perspective 4. ……………………………………………………………

Perspective 5. ……………………………………………………………

Soyez créatifs, exprimez vos désirs professionnels !

Etape 2 : Définissez une liste de critères de choix de votre futur projet professionnel

Les critères sont des facteurs qui sont communs à la fois à un individu et à un métier. Autrement dit, ils permettent à la fois d'évaluer une personne et de comprendre un métier. Ces critères permettent d'établir une corrélation entre vous et les postes en entreprise ou métiers. Ils sont extrêmement importants dans notre démarche et vous les retrouverez à chaque étape de la définition de votre projet.

Nous en avons retenu 10 ; ils vous sont présentés ici non hiérarchisés.

En effet selon votre âge, tel critère est plus important que tel autre.

Par exemple, si vous avez 50 ans, le critère expérience sera déterminant.

Si vous en avez 25, ce seront plutôt les critères de formation et de motivation qui guideront vos choix.

Quel que soit votre âge, pensez à toujours pondérer fortement le critère opportunité du marché et visez des métiers qui recrutent. Par ailleurs, tous les auteurs en développement professionnel soulignent l'importance du facteur de motivation.

1. La formation ou connaissances ou savoirs

2. Les langues étrangères

3. L'informatique

4. Les compétences ou l'expérience professionnelle ou savoir-faire

5. Les qualités physiques et l'énergie

6. La zone de réactivité cérébrale, le mode de fonctionnement intellectuel, la forme d'intelligence dominante : les qualités intellectuelles et psychologiques

7. Les motivations, les goûts, les intérêts, les besoins, les valeurs

8. La rémunération ou salaire

9. Le facteur d'opportunités, le degré de compétitivité, l'état du marché

10. Les autres critères comme la mobilité, la date de disponibilité, …

Indiquez ici vos critères hiérarchisés :

1.

2.

3.

4.

5.

6.
7.
8.
9.
10.

Etape 3 : Le bilan personnel et professionnel

Apprenez à mieux vous connaître : qui êtes-vous ? Qu'aimez vous faire ? Qu'est ce qui vous enthousiasme ?

L'objectif ici est de vous inciter à mieux vous connaître, dans le but d'élaborer une offre de service à proposer au marché du travail.

De façon plus pragmatique, elle constitue aussi une base de données dans laquelle vous allez pouvoir puiser pour rédiger votre CV et votre lettre de motivation et pour préparer vos entretiens d'embauche.

Dans l'entreprise, il y a un bilan comptable avec les actifs et les passifs.

La différence entre l'actif et le passif constitue son résultat net.

Vous aussi en tant que Président de Moi SA, vous avez à effectuer votre bilan.

Votre actif est constitué de vos points forts ; par exemple vos qualités -telles votre créativité, votre courage, votre persévérance -, vos valeurs, vos compétences, vos relations, votre expertise, vos motivations ; votre passif est lui constitué de vos axes de progrès et de vos limites personnelles actuelles.

La différence entre votre actif et votre passif donne une indication sur votre performance.

Vous allez tester plus précisément votre profil par rapport à nos 10 critères de base qui sont :

1. La formation ou connaissances ou savoirs

2. Les langues étrangères

3. L'informatique

4. Les compétences ou l'expérience professionnelle ou savoir-faire

5. Les qualités physiques et l'énergie

6. Les qualités intellectuelles et émotionnelles

7. Les motivations, les goûts, les intérets, les besoins, les valeurs

8. La rémunération ou salaire

9. Le facteur d'opportunités, le degré de compétitivité, l'état du marché

10. Les autres critères comme la mobilité, la date de disponibilité, …

Votre bilan professionnel est constitué de votre évaluation sur les critères de formation, de langues, d'informatique et de savoir faire. Le bilan personnel recoupe toutes les autres dimensions.

Pour réaliser votre bilan, nous allons nous appuyer sur un outil d'une extrême simplicité. Il s'agit d'un tableau à deux colonnes. La première indique les critères d'évaluation de votre profil, la seconde votre positionnement actuel par rapport à ce critère.

Pour vous aider à vous positionner par rapport à chaque critère, nous vous proposons un exercice interactif.

Prenez au moins 5 minutes pour les exercices sur votre formation, vos langues et vos connaissances informatiques. L'inventaire des compétences est plus long : il prend au minimum 10 minutes pour chaque réalisation professionnelle.

Pour les qualités, vous allez avoir besoin du concours des autres. Le temps que vous y passerez dépend de leur réactivité.

Pour ce qui est de vos motivations, il va être nécessaire d'y passer du temps, c'est votre moteur d'action au quotidien.

La rémunération est une question délicate qui mérite aussi au moins 30 minutes de votre attention.

Pour les derniers critères, cela dépend de vous. Prévoyez un temps proportionnel au degré de précision que vous souhaitez apporter à votre bilan.

1. 1. Votre formation

Il s'agit ici de faire un inventaire de vos savoirs : « ensemble de connaissances plus ou moins systématisées, acquises par une activité mentale suivie » Le Robert

Exercices :

Formation première secondaire

Recenser et évaluer vos connaissances de base :

Quel a été votre cursus scolaire général jusqu'au BAC ou équivalent ?

Avez-vous eu votre BEP , CAP ou BAC avec mention ? Si oui, laquelle ?

Avez-vous obtenu une Validation des Acquis de l'Expérience ? (VAE)

Equivalence internationale : Les études supérieures commencent après le Bac ou équivalent : secondary school leaving certificate , Abitur, A levels, high School Diploma,…

………………………………………………………………..

Formation première supérieure

Recenser et évaluer vos diplômes :

Pour les BAC+8. :

Sur quel sujet porte votre thèse ?

Equivalence internationale : Moyennant 8 années d'études, vous pouvez atteindre le rang de docteur ou docteur ou Ph.D.

Pour les BAC+5 ou Master :

Quel est le nom de votre diplôme ? Quand l'avez-vous obtenu ou quand allez vous l'obtenir ? Dans quelle université ou grande école ?

Pourquoi avez vous choisi cette filière ?

Dans quelle matière étiez-vous le plus à l'aise ?

Quelle spécialisation de troisième année avez-vous choisie ?

Equivalence internationale

Le domaine des postgraduate studies est composé de tous les diplômes avec 2 années d'études après le Bachelor ;

Si vous avez obtenu votre diplôme de grandes écoles ou un DESS en 5 ans après le BAC ou équivalent, vous pouvez prétendre alors au titre international de Master degree.

Pour les BAC + 3 ou Bachelor (under graduate studies)

Avez-vous fait les classes préparatoires ?

Equivalence internationale : Vous accédez en premier lieu aux postgraduate studies, avec 3 années d'études après le BAC :

Cela recouvre les classes préparatoires et la première année de grande école ou encore les 3 années d'université jusqu'à la licence.

Ce niveau atteint, vous pouvez prétendre au titre de Bachelor degree.

………………………………………………………………..

Recenser et évaluer vos autres connaissances acquises lors de la formation continue:

Avez-vous suivi une formation complémentaire ? Si oui, laquelle ?

………………………………………………………………..

2. 2. Langues

Exercice :

Parlez-vous couramment anglais ?

Quel score avez-vous obtenu au TOEIC ?

Quelles sont les autres langues étrangères que vous connaissez ? Avec quel niveau ?

………………………………………………………………..

3. 3. Informatique

Quelles sont vos connaissances informatiques ?

Logiciels bureautiques

Logiciels techniques

Langages

Environnement

Logiciels Internet

……………………………………………………………..

4. 4. Vos compétences et votre expérience

Une de vos plus grandes responsabilités de votre vie professionnelle est de développer et maintenir une compétence clé très prisée des recruteurs. Une compétence est un savoir-faire, « une capacité reconnue qui confère le droit de juger ou de décider en certaines matières » Le Robert. La compétence est souvent la mise en œuvre de connaissances dans la pratique. En stratégie, cela s'appelle un avantage concurrentiel.

Comme président de Moi S.A., vous devez cultiver une zone d'excellence. Pour identifier vos compétences, complétez les exercices suivants.

Historique des réalisations

Définition d'une réalisation : une réalisation est une série d'actions permettant la concrétisation d'une idée ou d'un projet. Elle se traduit par des résultats concrets.

Exercice :

Vous pouvez tirer vos réalisations de vos expériences professionnelles et personnelles. Énumérez ci dessous vos principales réalisations.

Expériences professionnelles

- Emplois : quelles sont vos différentes expériences professionnelles ?

- Jobs : avez vous des jobs ? quels ont été vos résultats ?

- Stages : qu'avez vous fait pendant votre premier stage et votre deuxième stage ?

- Projet d'études, mémoire de recherche

……………………………………………………………..

Expériences personnelles

Avez- vous des centres d'intérêt ? Y avez-vous développé des compétences ?

- Vie associative

- Activités culturelles ou artistiques

- Voyages

- Sports

………………………………………………………………………..

Pour identifier vos compétences, je vous propose une méthode apprise au sein du cabinet Mediator, filiale du groupe BPI, quand j'y pratiquais l'outplacement. Elle est aussi largement décrite par Daniel Porot dans son ouvrage « Comment trouver une situation ».

Enumérez cinq réalisations majeures avec leurs dates. Vous pouvez prendre par exemple deux réalisations personnelles et 3 réalisations professionnelles. Cela vous aidera quand le recruteur vous demandera quelles sont vos compétences : vous saurez alors quoi répondre et surtout vous pourrez le justifier à partir de réalisations concrètes.

	Réalisations	Dates
1		
2		
3		
4		
5		

Description de vos réalisations

Pour chacune de vos réalisations, essayez de détailler les objectifs assignés et les différentes actions que vous avez menées. Vous pouvez aussi préciser les éléments de contexte de votre réalisation : où, quand (date et durée), qui, pourquoi, avec quelles contraintes, quel budget, quels moyens,…

Indiquez ensuite quels ont été les résultats obtenus. Objectiver les faits. Essayez de chiffrer vos résultats chaque fois que cela est possible. Cela vous servira plus tard pour convaincre votre futur recruteur. Pour lui, cela sera une preuve.

Plus vous serez concret et chiffré, plus vous convaincrez votre interlocuteur.

Réalisation n° :

Intitulé ………………………………………………………………………………..

Date ………………………………………………………………………………….

Durée………………………………………………………………………………..

Entreprise

Nom

Secteur d'activité

Lieu

Effectif

Titre de la fonction exercée :

…………………………………………………………………..

Résultats obtenus (chiffrés si possible : indiquez des quantités, nombre de personnes dans l'équipe, budget, écarts, réduction de durée, …)

…………………………………………………………………..

Identification de vos compétences transférables

Exercice :

Identifiez les compétences majeures que vous avez utilisées au cours des 5 réalisations choisies ci-dessus. Sur quelles compétences avez vous été complimenté ? Où avez vous excellé ?

…………………………………………………………………..

Vous trouvez l'exercice pas facile ? Vous cherchez un raccourci pour identifier vos compétences transférables ? Celles que vous avez déjà exercées dans un autre environnement et que vous pourriez « communiquer » dans votre prochaine fonction ?

Vous parlez l'anglais ? Allez sur votre moteur de recherche favori et tapez " transferable skills"

5. 5. Vos qualités physiques et votre énergie

L'ex PDG de General Electric, Jack Welch, insiste à juste titre sur l'importance des qualités physiques et sur l'énergie de ses collaborateurs dans la réussite de son entreprise.

Quel est votre niveau d'énergie ?

Etes vous un battant ? Avez-vous toujours du tonus ? Etes vous résistant ?

Etes vous tenace ?

Avez-vous toujours de l'énergie à revendre ?

…………………………………………………………………..

6. 6. Vos qualités intellectuelles et émotionnelles

A ce stade de notre méthode, nous allons essayer de déterminer votre caractère, votre personnalité, votre savoir être.

Caractère (signe gravé, empreinte) : Ensemble des manières habituelles de sentir et de réagir qui distinguent un individu d'un autre.

Le caractère qui peut lui même se décomposer selon les 3 variables : l'émotivité, le degré d'activité et le retentissement – selon la typologie de Le Senne.

Personnalité : (personna : masque de théâtre) : ce qui fait l'individualité d'une personne. La personnalité est la résultante de l'inné (ce que l'on a à la naissance) et de l'acquis.

Les grandes variables classiques de la personnalité sont le domaine intellectuel, le domaine relationnel et le domaine émotionnel.

Plusieurs méthodes permettent de déterminer vos qualités :

-- Le questionnaire

-- Les tests en ligne

-- La méthode de Ned Hermann

Posez-vous les bonnes questions, c'est la meilleure manière de vous découvrir et ainsi de pouvoir faire des choix professionnels en fonction de vos réelles qualités.

-- **Le questionnaire :**

Quelles sont vos principales qualités ? Quels sont vos points forts ? Quels sont vos points faibles ? Pouvez-vous donner un exemple de votre ténacité ? de votre endurance ? de votre flexibilité ? Etes-vous ambitieux ?

………………………………………………………………..

………………………………………………………………..

Quelles sont vos convictions ? Quelles sont les choses que vous tenez pour vraies ? Par exemple, pensez vous que la vraie richesse d'une entreprise, ce sont les individus qui la composent ?

………………………………………………………………..

Avez vous plutôt une mémoire visuelle, écrite ou auditive ?

………………………………………………………………..

Comment formez vous vos idées ? par association ?

Avez-vous une intelligence concrète ou abstraite ?

………………………………………………………………..

Est-ce que vous vous considérez comme quelqu'un de rapide quand vous devez prendre une décision ? Etes-vous un leader ou un follower ?

………………………………………………………………..

-- **Les tests en ligne**

Il existe des tests en ligne parfois gratuits (souvent en anglais) pour évaluer votre personnalité.

Citons les sites :

http://www.teamtechnology.co.uk

http://www.myersbriggs.org

http://www.centraltest.fr

Ces tests sont payants.

- **Profil PRO - R**
- **Profil Compétences - R**
- **Profil Manager**
- **Profil Vente**
- **IIP - Orientation (France)**
- **IIP - Orientation (Canada francophone)**
- **Test d'intelligence émotionnelle**
- **Test de personnalité BF5**
- Test de raisonnement
- Test de pensée critique

D'autres éditeurs de tests sont :

http://www.performanse.com

http://www.ecpa.fr

« La vente des tests des ECPA est réservée aux titulaires du titre de psychologue, aux orthophonistes, aux psychomotriciens, aux ergothérapeutes, aux rééducateurs et psychopédagogues ainsi qu'aux professionnels des ressources humaines ayant obtenu une habilitation à l'issue d'une formation à un outil particulier. Lors de votre première commande aux ECPA, nous vous demanderons de justifier de votre diplôme ou de votre certification. » Source ECPA

-- La méthode de Ned Hermann

A travers l'exercice suivant, nous allons essayer d'identifier votre personnalité en utilisant les dernières recherches sur le cerveau menées par Ned Hermann.

Quelle est votre dominante intellectuelle ? Comme le dit Pascal dans ses Pensées, « avez-vous plutôt un esprit de finesse ou de géométrie » ? Avez-vous l'intelligence du cœur ou l'intelligence de la raison ? Avez-vous un meilleur score de quotient intellectuel ou de quotient émotionnel ?

Pour le savoir, faites l'exercice suivant :

Dans quelle description vous retrouvez-vous le plus ?

Attention, il s'agit ici de votre façon de fonctionner au quotidien.

1. Vous avez l'esprit logique, l'esprit d'analyse, vous êtes rationnel, cartésien, factuel, rigoureux, exact.

2. Vous envisagez les choses dans les grandes lignes, vous fonctionnez par association d'idées, vous faites preuve d'imagination, vous êtes conceptuel, vous avez un bon esprit de synthèse. Créatif, vous allez de l'avant quitte à prendre des risques.

3. L'ordre, l'organisation, la méthode, la planification, la sécurité sont vos mots clés. Méticuleux, fiable, persévérant, vous avez le sens pratique.

4. Vous avez le sens du contact, vous êtes prêt à rendre service. Sensible, intuitif, vous êtes réceptif à votre environnement.

Le chercheur américain Ned Hermann a défini 4 types d'intelligence ou zone de réactivité cérébrale. Déterminez la vôtre.

Si vous avez choisi le **1**, votre dominante intellectuelle est de type cortical gauche

Si vous avez choisi le **2**, votre dominante intellectuelle est de type cortical droit

Si vous avez choisi le **3**, votre dominante intellectuelle est de type limbique gauche

Si vous avez choisi le **4**, votre dominante intellectuelle est de type limbique droit

Indiquez ici votre zone de réactivité cérébrale selon la typologie de Ned HERMANN :

Ma ZRC est : ……………………………………………………………

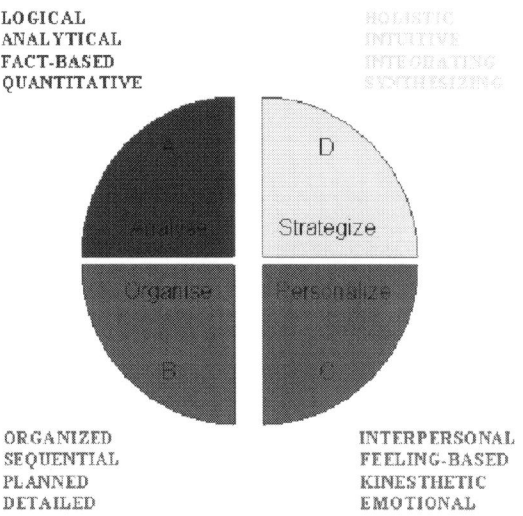

7. 7. *Vos motivations, vos valeurs*

Faites ce que vous aimez, aimez ce que vous faites. Si vous aimez ce que vous faites, votre vie professionnelle sera bien plus facile et enrichissante. Si vous faites ce que vous aimez, vous apporterez à votre travail une dimension supplémentaire, une valeur supplémentaire. Le bon pain est le résultat d'une technique mais aussi du cœur qu'y met le boulanger.

Exercice :

Quelles sont vos motivations ?

Qu'est-ce qui vous motive pour avancer dans la vie ? Qu'est ce que vous aimez faire ?

Typologie de Holland : faîtes un choix parmi les 6 propositions suivantes :

Notez la proposition qui vous correspond le plus (motivation dominante) puis celle qui vous correspond aussi mais dans une moindre mesure.

1. Vous aimez le terrain, les choses concrètes.

2. Vous avez un goût prononcé pour les activités intellectuelles ; vous aimez réfléchir, comprendre.

3. Votre préférence, c'est la création sous toutes ses formes. Vous aimez innover.

4. Vous adorez les contacts, vous les recherchez même. Vous vous enrichissez au contact des autres.

5. Vous aimez les défis. Vous aimez bien diriger, convaincre.

6. Vous avez le goût de l'ordre. Appliquer des normes ou des procédures vous plait.

Si vous avez choisi le **1**, vos motivations sont de type réaliste ;

Si vous avez choisi le **2**, vos motivations sont de type investigatif ;

Si vous avez choisi le **3**, vos motivations sont de type artistique ;

Si vous avez choisi le **4**, vos motivations sont de type social ;

Si vous avez choisi le **5**, vos motivations sont de type entrepreneur ;

Si vous avez choisi le **6**, vos motivations sont de type conventionnel ;

Indiquez ici votre famille de motivation dominante :

………………………………………………………………..

Vous pouvez affiner vos résultats en passant le test en ligne. Allez sur votre moteur de recherche préféré et tapez RIASEC ou méthode RIASEC .

Exemple de résultat pour Hervé :

Realiste = 17	Investigatif = 16	Artistique = 7
Social = 11	Entrepreneur = 7	Conventionel = 6

Exercice : vos valeurs professionnelles

Selon le Petit Robert (deuxième moitié du XIXème) : « ce qui est vrai, beau, biens selon un jugement personnel plus ou moins en accord avec celui de la société de l'époque.

Echelle de valeurs : les valeurs classées de la plus haute à la plus faible dans la conscience et qui sert de référence dans les jugements, dans la conduite. »

Identification de vos valeurs professionnelles

Quels sont les principes importants sur lesquels reposent ma façon d'agir ?

Pourquoi refuseriez vous de vous laisser marcher dessus ?

Prenez une minute pour écrire vos valeurs.

Exemples :

Sérénité

Sécurité

Argent

Célébrité

Intégrité

Reconnaissance

Amitié

Liberté

Fraternité

Respect d'autrui

Humilité

Simplicité

…………………………………………………………..

…………………………………………………………..

…………………………………………………………..

Hiérarchisation de vos valeurs professionnelles

Ensuite prenez cinq minutes pour choisir dans votre liste de valeurs les 10 plus importantes.

Est ce le respect d'autrui ? L'honnêteté ? La liberté ? La sécurité ?

Enfin, pour chaque valeur, indiquer votre courte définition.

Valeur#1

Valeur#2

Valeur#3

Valeur#4

Valeur#5

Valeur#6

Valeur#7

Valeur#8

Valeur#9

Valeur#10

………………………………………………………..

………………………………………………………..

………………………………………………………..

8. 8. Votre rémunération

Quelle rémunération souhaitez-vous obtenir ? Pour avoir des inforamtions sur les salaires, vous pouvez consulter le site Glassdoor.fr; par exemple un ESCP après 3 ans de travail gagne en moyenne entre 58 000 euros et 74 000 euros; à la sortie de l'école il gagne entre 38000 et 45000 euros.

………………………………………………………..

………………………………………………………..

………………………………………………………..

9. 9. Facteur d'opportunité ou état du marché

Avez-vous conscience qu'il est essentiel de s'orienter vers un métier qui marche , offrant de nombreuses opportunités ?

Parmi les métiers porteurs, préférez-vous un métier de pointe avec beaucoup de compétition ou un métier plus classique ? Voulez vous vous positionner sur un métier à très forte croissance ? Avec beaucoup de candidats et peu d'élus ? Ou au contraire avec peu de candidats ?

10. 10 Autres critères

10.1 Équilibre entre votre vie personnelle et votre vie professionnelle

Quelle place souhaitez vous donner à votre vie de famille ?

10.2 Date de disponibilité

Quand êtes-vous disponible ?

11. 11. Synthèse : vos points forts / vos axes de progrès

Vous trouverez un exemple de synthèse de bilan puis une grille vide pour faire vous-même la synthèse de votre bilan.

Lors de la synthèse, soyez attentif à un point : y a t'il une cohérence entre vos qualités, vos compétences et vos motivations ? Y a t'il une harmonie entre vos qualités, ce que vous aimez faire et ce que vous savez faire ? Par exemple, si vos motivations sont de type investigatif, avez vous jusqu'à présent mis en œuvre des compétences telles qu'étudier, analyser, synthétiser ? Etes vous rigoureux par ailleurs ?

Exemple de synthèse de bilan

Critères	Votre bilan
Formation	Paris X Nanterre
Langues	Anglais courant
	Espagnol courant
Informatique	Ms Word, Ms Excel, Ms Powerpoint, Pratique courante d'Internet
Compétence(s) & expérience	Vente de produits d'assurance
Qualités	Analyse
	Synthèse
	Rigueur
Zone de réactivité cérébrale	Limbique Droit
Motivation	Entrepreneur
Rémunération	35 K€ /an
Facteur d'opportunités/ Etat du marché	Métier classique
Autres critères	Mobile à l'international

Votre synthèse de bilan

Critères	Votre bilan
Formation	
Langues	
Informatique	
Compétence(s) & expérience	
Qualités	
Zone de réactivité cérébrale	
Motivations	
Rémunération	
Autres critères	

Le marché et votre projet

A présent que vous avez mieux déterminé qui vous êtes (Etape 3 : bilan) il va être nécessaire de vous positionner choisir parmi les 5 perspectives choisies les 3 (2 royales et une de repli) qui vous conviennent le mieux.

Pour ce faire, vous avez besoin :

-de mieux connaître ce marché (étape 4)

-de hiérarchiser les options de base (étape 5 et 6)

L'étape suivante est d'analyser votre marché de l'emploi, ses opportunités et ses évolutions. Passez du temps à vous documenter sur les métiers qui ont le vent en poupe. Lors de cette étape, vous avez intérêt à rencontrer des professionnels de vos métiers de prédilection. Soyez aussi très attentifs aux attentes des recruteurs et à leurs exigences en termes de savoir, de savoir-faire et de savoir être.

Etape 4 : Le marché du recrutement en 2018

La seconde étape dans votre recherche d'emploi ou de stage consiste à mieux comprendre et analyser les attentes des entreprises qui recrutent pour les 5 projets ou perspectives que vous avez choisis.

Vous allez maintenant changer de pointde vue et vous placer côté recruteurs.

Pour les 5 perspectives de carrière (cf. étape 1) qui vous intéressent le plus, vous pouvez mener votre propre recherche.

Côté entreprise, pour ces 5 perspectives et sur la base des 10 critères, quelles sont les exigences habituelles des entreprises ?

L'idée ici est de comprendre la réalité des métiers et de ne pas s'arrêter sur des idées reçues, des clichés ou des images d'Epinal. Vous allez vous faire votre propre opinion.

Voici donc quelques clés pour vous aider à mieux cerner les 5 pistes que vous avez décidé d'explorer.

Les sources d'informations abondent. Vous avez d'une part des ressources documentaires et d'autre part des témoignages de professionnels.

Les ressources documentaires :

Toute documentaliste en centre de documentation ou bibliothèque vous indiquera de précieuses sources d'informations. Nous pouvons citer pour mémoire :

Le ROME (répertoire officiel des métiers), déjà cité

Les vidéos métiers sur youtube.com par exemple de l'ONISEP ou de la chaîne demain

Les livres sur les métiers de la collection L'Etudiant,

Les magazines et journaux professionnels comme les Echos ou l'Usine Nouvelle, les revues d'Anciens Elèves, le guide des métiers de Phosphore.

Vous pouvez aussi partir à la rencontre de professionnels et les interroger avec le questionnaire suivant:

Le témoignage des professionnels

La méthode que je préfère -pour la pratiquer aujourd'hui encore -est la suivante : vous allez directement, comme un journaliste, interviewer des professionnels sur leur métier.

Vous pouvez contacter directement des professionnels des métiers qui vous intéressent et qui exercent le métier de votre choix depuis 10 ans.

Comment préparer ces entretiens (appelés « entretien réseau » par les professionnels de l'outplacement et de la gestion de carrière) ?

Les questions suivantes peuvent constituer une trame d'entretien avec eux : Je songe sérieusement à devenir trader dans le secteur bancaire à Londres (par exemple).

Mais avant de prendre une décision, j'aimerais connaître votre point de vue d'expert.

- Quelle est la mission du métier ?

- Quelles sont les tâches principales et les tâches annexes éventuelles ?

- Avec qui travaillez-vous à l'intérieur de l'entreprise ? A l'extérieur ?

- Combien d'années d'études sont nécessaires pour exercer ce métier ?

- Quelles sont les qualités nécessaires pour réussir dans le métier considéré ?

- Quelles sont les possibilités d'évolution de carrière dans l'entreprise et à l'extérieur ?

- Le métier est-il porteur ? aujourd'hui ? et dans les années à venir ? D'après le nombre d'annonces publiées ? D'après les experts ? Y a t'il beaucoup de candidats positionnés sur votre métier ? quel est le taux d'activité de la profession ? Attention ! ces questions sont très importantes.

- Quels sont les principaux recruteurs ?

- Quelles sont les portes d'entrée ? Par quel poste commence-t-on ?

- Quel est le salaire moyen à l'embauche ? Après 5 ans ?

- Connaissez d'autres personnes susceptibles de m'éclairer sur la réalité de ce métier ?

BFM, la radio de l'économie réalise souvent des interviews de professionnels.

Radio classique aussi permet de découvrir des métiers à travers des témoignages d'hommes et de femmes qui les pratiquent au quotidien. Vous pouvez aussi lire des biographies de professionnels ; par exemple, pour les passionné€s de pub, « Mémoires d'un lion »de Marcel Bleustein Blanchet, pour les passionné(e)s de luxe, « Mémoires d'un joaillier » de Samuel Fred,...

Vous trouverez ci-dessous quelques repères pour vous aider dans votre travail.

Analyse globale des offres d'emploi des entreprises

Les grandes évolutions sur le marché du travail des années 2010 sont le développement du secteur tertiaire et la croissance des petites structures.

Par ailleurs, on note que la proportion de CDD augmente en temps de stagnation économique.

Pour comprendre plus finement le marché de l'emploi, il convient de le segmenter selon plusieurs variables : d'abord par pays, puis par secteurs d'activités puis par fonctions ou métiers.

Etat de l'offre de stage et d'emplois des entreprises par pays

La segmentation la plus simple est la segmentation géographique.

Jacques Attali dans son livre « une brève histoire de l'avenir » prédit qu'en 2025, il y aura 11 zones en croissance

Asia

Chine

Inde

Japon : Tokyo

Corée du Sud

Russie

Latin America

Mexique

Brésil

Australie

Canada

AFrique du Sud

Jusque 2025, les Etats Unis domineront le monde

California ; Los Angeles, San Diego, La Jolla,Stanford,Berkeley pour la high tech et industrie

New York pour la finance

Etat de l'offre de stages et d'emplois en Europe

Les pays en croissance sur la zone Europe

France

Allemagne

Espagne

UK : London

Irlande

Italie

Pays Bas

Suède : Stockholm

Finlande :Helsinki,

Norvège : Oslo

Etat de l'offre de stages et d'emplois en France

Quelle est la situation en France ?

Etat de l'offre de stages et d'emplois par secteurs d'activités

Un secteur est un ensemble d'entreprises exerçant la même activité principale.

Le secteur aéronautique par exemple regroupe les avionneurs, les motoristes, les équipementiers et tout un ensemble de sous traitants.

Pour obtenir une liste exhaustive, comme vous le savez, il existe une nomenclature APE. Vous pourrez la trouver sur Internet.

D'un point de vue prospectif, nous pouvons dire que les secteurs suivants sont porteurs :

Dans l'Industrie : productique/ robotique électronique informatique biotechnologies

Dans les Services collecte de déchets/environnement services aux personnes âgées/action sociale santé

Cette liste n'est bien évidemment pas exhaustive.

Mais c'est surtout la segmentation par fonctions qui va nous intéresser car c'est la plus opérante pour notre démarche.

Descriptifs de fonctions de l'entreprise

A présent, il est utile de se placer sur un plan plus microéconomique et de s'interroger sur la réalité des métiers de l'entreprise.

Qu'est-ce qu'une fonction ?

C'est un ensemble d'activités professionnelles orientées vers un même objet : études, production, recherche, marketing, …

Pour vous aider, vous disposez de l'excellent guide des métiers en ligne de l'APEC :

Vous y trouverez 400 Métiers regroupées en fonctions de l'entreprise. Pour chaque métier, les facteurs clés de succès basiques du métier sont identifiés.

Attention, des variations peuvent exister selon les pays, selon les secteurs d'activité, voire selon les entreprises.

Pour avoir des informations plus globales, il existe aussi une base de données américaines

O'NET Resource Center

O*NET est une base de données sur Internet qui inclut des informations sur les métiers. Chaque fiche métier décrit les compétences requises, les connaissances nécessaires, les motivations souhaitées pour l'exercer.

Enfin, pour avoir une liste des métiers les plus tendances au niveau global, nous vous invitons à vous rendre sur les sites suivants :

- Les métiers qui marchent pour les années 2018-2020

Analyse pour la France :

http://www.manpowergroup.fr/lemploi-en-france-en-2020-que-faire-face-a-la-penurie-annoncee/

http://www.orientation-pour-tous.fr/Quels-metiers-porteurs-d-ici-2020.html

http://www.leparisien.fr/economie/emploi-quels-sont-les-10-metiers-les-plus-recherches-22-05-2017-6970848.php

https://www.regionsjob.com/actualites/emploi-metier-mieux-paye-2018.html

https://www.challenges.fr/emploi/marche-de-l-emploi/quels-sont-les-emplois-les-plus-recherches-et-les-mieux-payes-en-2017-2018_502009

http://www.mariefrance.fr/equilibre/job/jobs-mieux-payes-stressants-367686.html#item=10

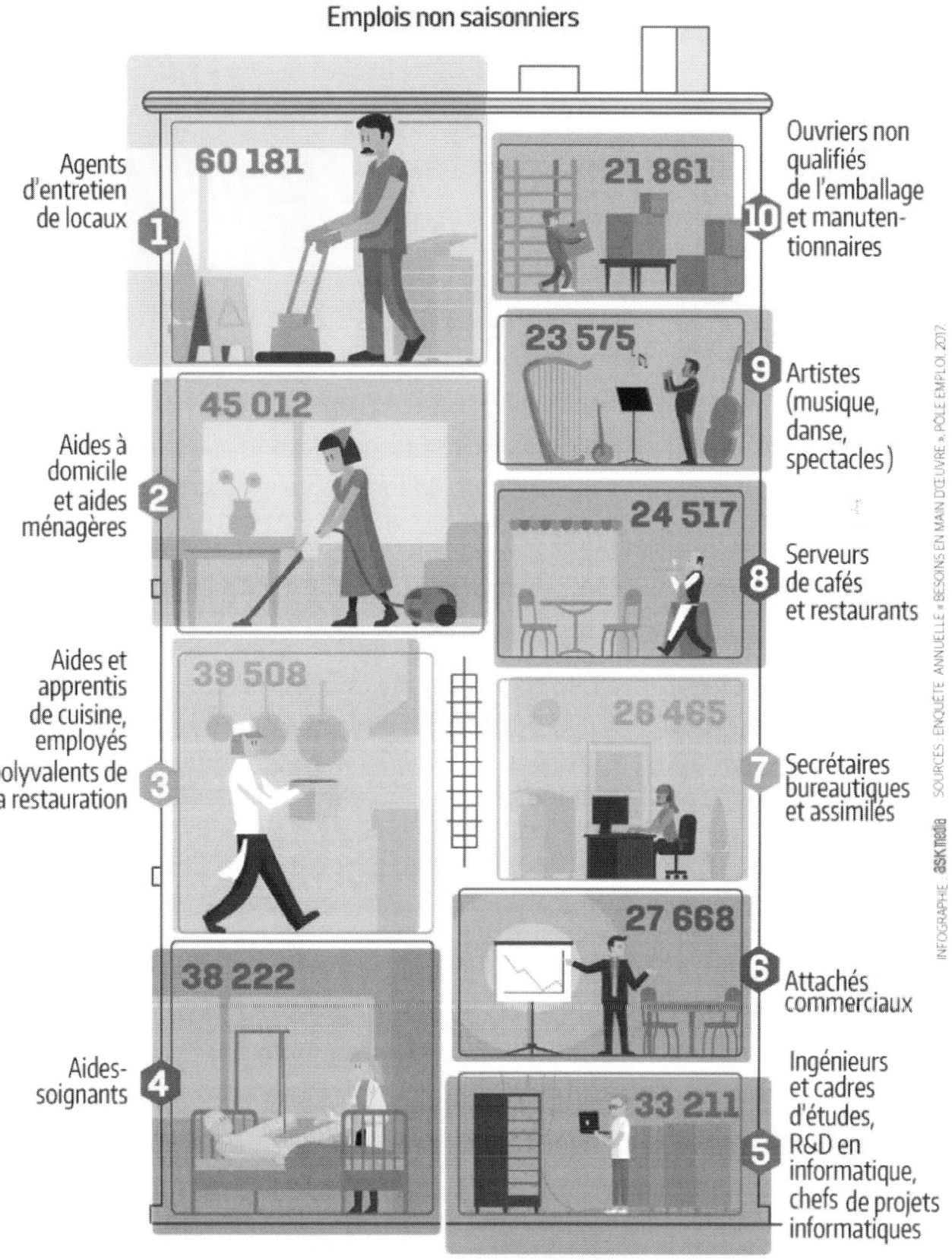

Analyse au niveau international :

https://www.thejobnetwork.com/10-of-the-most-in-demand-jobs-for-2018/

http://www.worldwidelearn.com/online-education-guide/top-ten-job-trends.htm

https://www.cnbc.com/2017/09/19/the-25-highest-paying-jobs-in-america.html

Il existe bien d'autres métiers évidemment. Il y a aussi des métiers à inventer !

Synthèse : vos fiches de métiers possibles

Reportez les résultats de vos investigations sur une fiche de synthèse

Fiche adequatis/ Exemple 1

Métier envisagé : **Marketing**

	Attentes du marché
Formation	BAC+5, Master degree
Langues	Anglais courant
Qualités	Analyse
	Synthèse
	Leadership
Informatique	Logiciels bureautiques
Compétence(s) & expérience	**Communiquer**
	1ère expérience en Marketing
Zone de réactivité cérébrale	**Cortical Droit**
Motivation	Entrepreneur
Rémunération	30 à 35 K€ /an
Facteur d'opportunités	Opportunités sur certains secteurs d'activité seulement
Autres critères	Opportunités internationales

Fiche adequatis/ Exemple 2

Métier envisagé : **Vente**

Critères	Attentes du marché
Formation	BAC+2 à BAC+5, Ecole de Commerce
Langues	Anglais courant
Informatique	Logiciels bureautiques
Compétence(s) & expérience	**Vendre** 1ère expérience dans la Vente
Qualités	Combativité Ecoute Vitalité
Zone de réactivité cérébrale	**Limbique Droit**
Motivation	Entrepreneur
Rémunération	45 K€/an
Facteur d'opportunités	Nombreuses opportunités sur le marché
Autres critères	Opportunités internationales

Fiche adequatis/ Exemple 3

Métier envisagé : **Stage en qualité**

Critères	Attentes du marché
Formation	Master
Langues	Anglais courant
Informatique	Logiciels bureautiques
Compétence(s) & expérience	Contrôler
Qualités	Analyse Synthèse Rigueur
Zone de réactivité cérébrale	**Cortical Gauche**
Motivation	Conventionnel
Rémunération	SMIC- 1500 € par mois
Facteur d'opportunités	Nombreuses opportunités sur le marché
Autres critères	Opportunités internationales

A vous de jouer maintenant !

Fiche adequatis/ Votre perspective de carrière 1

Métier envisagé :

Critères	Attentes du marché
Formation	
Langues	
Informatique	
Compétence(s) & expérience	
Qualités	
Zone de réactivité cérébrale	
Motivation	
Rémunération	
Facteur d'opportunités	
Autres critères	

Fiche adequatis/ Votre perspective de carrière 2

Métier envisagé :

Critères	Attentes du marché
Formation	
Langues	
Informatique	
Compétence(s) & expérience	
Qualités	
Zone de réactivité cérébrale	
Motivation	
Rémunération	
Facteur d'opportunités	
Autres critères	

Fiche adequatis/ Votre perspective de carrière 3

Métier envisagé :

Critères	Attentes du marché
Formation	
Langues	
Informatique	
Compétence(s) & expérience	
Qualités	
Zone de réactivité cérébrale	
Motivation	
Rémunération	
Facteur d'opportunités	
Autres critères	

Fiche adequatis/ Votre perspective de carrière 4

Métier envisagé :

Critères	Attentes du marché
Formation	
Langues	
Informatique	
Compétence(s) & expérience	
Qualités	
Zone de réactivité cérébrale	
Motivation	
Rémunération	
Facteur d'opportunités	
Autres critères	

Fiche adequatis/ Votre perspective de carrière 5

Métier envisagé :

Critères	Attentes du marché
Formation	
Langues	
Informatique	
Compétence(s) & experience	
Qualités	
Zone de réactivité cérébrale	
Motivation	
Rémunération	
Facteur d'opportunités	
Autres critères	

Pour être certain de faire le travail correctement faites vous relire par votre coach en carrière ou à défaut par un parent ou un ami qui accepte de vous aider.

A présent, il s'agit de se positionner vous sur des créneaux qui à la fois vous plaisent et en même temps ne sont pas encombrés.

Etape 5 : Validation de votre projet professionnel

Nous arrivons à l'étape ultime de construction de votre carrière, l'étape de validation de votre projet professionnel.

Déterminez votre projet

Après la phase de bilan où vous avez déterminé vos points forts et vos motivations, (étape 3) puis la phase d'analyse des métiers où vous avez détecté les exigences des recruteurs (étape 4) et les opportunités de votre marché du travail, vous êtes prêt pour la cinquième étape : choisir votre projet.

Reprendre la liste des perspectives de carrière (étape 1)

Perspective 1 :……………………………………………….

Perspective 2 :……………………………………………….

Perspective 3 :……………………………………………….

Perspective 4 :……………………………………………….

Perspective 5 :……………………………………………….

Perspective 6 :……………………………………………….

Perspective 7 :……………………………………………….

Perspective 8 :……………………………………………….

Reprendre les critères (étape 2)

Rappelons que le projet professionnel que vous allez déterminer dans les pages suivantes se base sur les critères suivants :

1. La formation

2. Langues

3. Informatique

4. Les compétences

5. L'énergie

6. Votre zone de réactivité cérébrale

7. Les motivations,

8. La rémunération

9. Le facteur d'opportunité

10. Autres critères

Il n'est pas tenu compte d'autres facteurs comme les facteurs de mode ou de contraintes familiales, de statut professionnel, d'image, ou encore de l'équilibre entre vie personnelle et vie professionnelle…. Notre méthodologie permet d'intégrer de telles variables mais pour des raisons de simplification nous ne les prenons pas en compte ici.

Mesurer l'adéquation entre votre profil et chacune de vos perspectives sur la base des 10 critères

Nous avons paramétré 10 critères de choix. Nous allons maintenant mener une analyse multicritère classique :

Exercice :

Pour chaque métier qui vous motive, sur la base des 10 critères, il s'agit de déterminer quel est le degré d'adéquation entre votre profil et la réalité du monde de l'entreprise.

Pour chaque critère, reprenez les éléments d'information de votre bilan, puis de votre étude des métiers, puis mesurez l'adéquation entre votre profil et les attentes du monde de l'entreprise ;

3 possibilités se présentent :

- **Pas d'adéquation** entre votre profil et la réalité du poste : indiquez un –

- Une **adéquation relative** entre votre profil et la réalité du poste : indiquez un +

- Une **adéquation forte** entre votre profil et la réalité du poste : indiquez ++

Ensuite, prenez la fiche Adequatis ci-jointe :

Auto-évaluez vous pour chaque critère ; Ensuite faites la somme des + et des – pour le métier choisi ; faites de même pour chaque métier qui suscite votre intérêt.

Fiche adequatis/ Exemple 1 pour un commercial

Métier envisagé : Marketing

Critères	Votre bilan personnel	Attentes des recruteurs	Adéquation
Formation	ESCEM	Master degree BAC+5	++
Langues	**Anglais courant**	Anglais courant	++
	Espagnol courant	Autre langue appréciée	++
Informatique	**Microsoft Office**	Logiciels bureautiques	-
Compétences & expérience	Communiquer	**Communiquer**	++
	Vente de produits d'assurance	1ère expérience en MARKETING	-
Qualités	Analyse	Analyse	++
	Synthèse	Synthèse	++
	Rigueur	Leadership	-
Zone de réactivité cérébrale	Dominante Limbique	**Dominante Corticale**	-
	Dominante Cerveau Droit	**Dominante Cerveau Droit**	+
Motivation	Entrepreneur	Entrepreneur	++
Rémunération	**30 K€ /an**	30 à 35 K€ /an	++
Facteur d'opportunités	Recherche d'un métier avec beaucoup d'opportunités	Compétition assez forte	-
Autres critères	Mobile à l'international	Opportunités internationales	++
Total			21+ 3-

Fiche adequatis/ Exemple 2 pour un commercial

Métier envisagé : Vente

Critères	Votre bilan personnel	Attente du marché	Adéquation
Formation	**ESCP-EAP**	BAC+2 à BAC+5, Ecole de Commerce	++
Langues	**Anglais courant**	Anglais courant	++
	Espagnol courant	Autre langue appréciée	++
Informatique	**Microsoft Office**	Logiciels bureautiques	-
Compétences & expérience	Communiquer	**Vendre**	-
	Vente de produits d'assurance	1ère expérience en VENTE	++
Qualités	Analyse	Combativité	-
	Synthèse	Ecoute	-
	Rigueur	Vitalité	-
Zone de réactivité cérébrale	Limbique Droit	**Limbique Droit**	++
Motivation	Entrepreneur	Entrepreneur	++
Rémunération	**30 K€/an**	30 K€/an + commissions	+ si je suis performant
Facteur d'opportunités	Recherche d'un métier porteur	Compétition moyenne	-
Autres critères	Mobile en France	Opportunités internationals	++
Total			17+ 4 -

Fiche adequatis/ Exemple 3 pour un ingénieur

Métier envisagé : Qualité

Critères	Votre bilan personnel	Attentes des recruteurs	Adéquation
Formation	**Centrale Marseille**	Master degree BAC+5	++
Langues	**Anglais courant**	Anglais courant	++
	Espagnol courant	Autre langue appréciée	++
Informatique	**Microsoft Office**	Logiciels bureautiques	+
Compétences & expérience	Stage ouvrier en production	**Contrôler**	-
		1ère expérience en Qualité	+
Qualités	Analyse	Analyse	++
	Synthèse	Synthèse	++
	Rigueur	Leadership	-
Zone de réactivité cérébrale	Dominante Limbique	**Dominante Corticale**	-
	Dominante Cerveau Gauche	**Dominante Cerveau Gauche**	+
Motivation	Conventionnel	Conventionnel	++
Rémunération	1000 €	SMIC-1200 € par mois	+
		380 € minimum si durée supérieure à 3 Mois	
Facteur d'opportunités	Recherche d'un métier avec beaucoup d'opportunités	Compétition assez forte	-
Autres critères	Mobile a l'international	Opportunités internationales	++
Total			18+ 4-

Fiche adequatis/ Perspective 1

Métier envisagé : ……………………………………………..

Critères	Votre bilan personnel	Attentes du marché	Adéquation
Formation			
Langues			
Informatique			
Compétences & experience Qualités Zone de réactivité cérébrale			
Motivation			
Rémunération			
Facteur d'opportunités			
Autres critères			
Total			

Fiche adequatis/ Perspective 2

Métier envisagé : ……………………………………………….

Critères	Votre bilan personnel	Attentes du marché	Adéquation
Formation			
Langues			
Informatique			
Compétences & expérience Qualités Zone de réactivité cérébrale			
Motivation			
Rémunération			
Facteur d'opportunités			
Autres critères			
Total			

Fiche adequatis/ Perspective 3

Métier envisagé : ....

Critères	Votre bilan personnel	Attentes du marché	Adéquation
Formation			
Langues			
Informatique			
Compétences & expérience			
Qualités			
Zone de réactivité cérébrale			
Motivation			
Rémunération			
Facteur d'opportunités			
Autres critères			
Total			

Fiche adequatis/ Perspective 4

Métier envisagé : ……………………………………………….

Critères	Votre bilan personnel	Attentes du marché	Adéquation
Formation			
Langues			
Informatique			
Compétences & experience			
Qualités			
Zone de réactivité cérébrale			
Motivation			
Rémunération			
Facteur d'opportunités			
Autres critères			
Total			

Fiche adequatis/ Perspective 5

Métier envisagé : ………………………………………….

Critères	Votre bilan personnel	Attente du marché	Adéquation
Formation			
Langues			
Informatique			
Compétences & expérience			
Qualités			
Zone de réactivité cérébrale			
Motivation			
Rémunération			
Facteur d'opportunités			
Autres critères			
Total			

Etape 6 : Hiérarchisation des projets (selon le « matching » ou l'adéquation entre votre profil et les exigences du poste)

Il est temps à présent de faire un choix entre vos perspectives de carrière. Pour vous aider, complétez le tableau qui suit comme dans l'exemple :

Tableau récapitulatif / exemple

Critères	Adéquation Marketing	Adéquation Vente
Formation	++	++
Langues	++	++
	++	++
Informatique	+	+
Compétences & expérience	++	+
	+	++
Qualités	++	-
	++ -	--
Zone de réactivité cérébrale	+ -	++
Motivation	++	++
Rémunération	++	+
Facteur d'opportunités	-	-
Autres critères	++	++
SCORE TOTAL EMPLOYABILITE	21 + 3-	17+ 4-
Classement général	1	2

Tableau récapitulatif

Critères	Carrière 1(noter le métier)........	Carrière 2................	Carrière 3................	Carrière 4................	Carrière 5................
Formation					
Langues					
Informatique					
Compétences & experience					
Qualités					
Zone de réactivité cérébrale					
Motivation					
Rémunération					
Facteur d'opportunités					
Autres critères					
Score total					
Classement général					

A l'issue du travail précédent, pour chaque métier plusieurs cas sont possibles :

Vous obtenez un bon score (entre 28+ et 20+), il existe un matching total entre vous et le métier ; bravo, vous tenez votre métier qui marche ou projet professionnel !

Vous obtenez un score honnête (entre 19+ et 6 +), ce métier est à envisager mais il ne devrait pas constituer l'essentiel de vos recherches

Enfin, vous avez un score inférieur à 6+, revoyez vos résultats pour comprendre pourquoi vos résultats sont si bas.

Dans tous les cas, et surtout si vous êtes extrêmement motivé par un métier, essayez de voir comment vous pourriez améliorer votre score : par une formation complémentaire? un stage ?

Choisissez l'action qui vous permet de réduire le plus l'écart.

Attention, ce travail n'a aucune valeur prédictive.

Il est un outil d'analyse qui vous permet de réfléchir sur votre devenir professionnel.

Discutez-en avec un coach en gestion de carrière de Media JD ou avec un ami ou un conseiller d'orientation ou encore un de vos proches pour valider votre choix.

Etape 7 : La décision : le meilleur projet

L'heure de la décision a sonné. Sur la base des informations recueillies, choisissez le ou les projets qui vous correspondent le mieux, c'est votre meilleur choix au classement général. Le ou les métiers que vous avez choisi(s) correspondent à des métiers avec de nombreuses opportunités sur le marché de l'emploi et qui permettent en même temps d'exprimer tous vos talents.

Pour le préciser, vous pouvez aussi rajouter 3 variables supplémentaires :

Toutes ces variables sont gérées par les moteurs de recherche ou agents intelligents des jobboards (sites emplois)

Le type d'entreprise

Le secteur d'activité

Le pays ou la zone géographique (région, ville, département,...)

Soyez cependant conscient que plus vous rajoutez de variables, plus vous restreignez votre choix.

Alors, ça y est ? Vous êtes clair sur votre projet ? Vous savez maintenant précisément ce que vous voulez.

Vous pouvez compléter le cœur léger les rubriques suivantes :

Mon projet professionnel, c'est :

Dans cette première rubrique vous pouvez exprimer votre projet professionnel de façon littéraire.

……………………………………………………………………..

……………………………………………………………………..

En terme de fonction :

Indiquez ici la ou les fonctions identifiées précédemment Exemples : Merchandiser ou assistant chef de produit

……………………………………………………………………..

En terme de secteur : (optionnel)

Indiquez vos secteurs d'activité de prédilection Exemples : le luxe ou la mode

……………………………………………………………………..

En terme de localisation (pour ceux intéressés par une carrière internationale ou locale) : Exemples : Paris, Londres, New York ou Milan

……………………………………………………………………..

Hourra !

Vous avez maintenant tous les éléments pour réaliser votre recherche en terme de projet.

Vous êtes devenu un offreur de services.

Pour renforcer votre projet, vous pouvez :

- le méditer

- le visualiser (ajoutez y des émotions pour plus d'efficacité)

Vous êtes mûr pour vous lancer dans l'action.

Il est en effet temps de réaliser votre projet.

Un désir accompli est un arbre de vie. Proverbes 13.12 La Bible

Vous pouvez dores et déjà paramétrer des agents intelligents sur Internet qui vont se charger dorénavant de vous apporter tous les jours toutes les offres correspondant à vos souhaits…Le rêve !

A ce stade de vos réflexions, vous méritez amplement de faire une vraie pause.

Vous pourrez alors, attaquer la phase suivante avec encore plus d'entrain

Chapitre 3 : La communication de votre offre

Après la phase de préparation étudiée dans le tome précèdent, étudions la phase active de votre recherche d'emploi.

Il s'agit de mettre en œuvre un plan d'action pour concrétiser votre projet. C'est aussi la confrontation avec le terrain où vous allez vérifier la cohérence entre le marché et votre offre pour corriger cette dernière s'il y a lieu. En tenant compte du feed back du marché, vous allez pouvoir rapidement dégager l'option sur laquelle il convient de porter le maximum d'efforts.

Dans cette phase, il va être nécessaire de faire preuve d'une très grande flexibilité pour vous adapter à chaque situation rencontrée.

Vous avez deux voire trois projets vendeurs et porteurs dont un de repli. Parfait !

Vous allez maintenant avoir à le « communiquer » auprès de vos cibles.

Section 1 : Votre publicité

La communication directe auprès des recruteurs

Identifiez vos entreprises cibles. Puis trouvez la meilleure manière d'entrer en contact avec elle. Vous pouvez le faire soit directement (par courrier, par téléphone, par mail en face à face,…) ou en passant par un des 12 intermédiaires que nous avons listés.

Pour chacun de vos projets, il convient d'avoir environ 100 entreprises cibles. Nous vous donnons en annexe les sites pour les définir selon votre projet.

Vous aurez donc à approcher environ 300 (3*100) entreprises maximum pour votre recherche de stage ou d'emploi.

Votre sourcing d'offres

Nous avons répertorié 12 types d'acteurs intervenant dans le domaine du recrutement auprès desquels vous pouvez faire votre publicité

Les éditeurs Internet de moteurs de recherche et de sites portails

Les Job boards

Les éditeurs de presse écrite

Les chaînes de télévision et de radios

Les institutionnels

Les organisateurs exclusifs de forums et les salons

Les Cabinets de recrutements/ executive search et les agences d'intérim

Les éditeurs spécialisés

Les Ecoles/universités/MBA les réseaux

Les associations

Autres

Choisissez 3 à 5 sources qui vous plaisent le plus.

Les 5 sources suivantes nous paraissent particulièrement efficaces.

-Réseau

Selon Richard Bolles, le taux de succès des individus ayant cherché en groupe en contactant directement en face à face ou par téléphone leur réseau relationnel (Annuaire des Anciens, famille, …) est de 86%.

Le taux tombe à 69 % quand la démarche est menée seul.

-Votre Ecole ou Université

-Les moteurs de recherche

-Les Jobboards

-Les Media

A présent, vous avez un projet professionnel correspondant aux besoins du marché et qui vous motive.

Vous allez à présent avoir à vendre votre projet aux recruteurs.

Vous allez a voir à persuader les recruteurs à travers votre communication écrite (CV et lettre de motivation) et orale (entretien).

Vous avez à convaincre chaque recruteur que vous constituez le « match » idéal à ses besoins.

Chaque recruteur imagine chaque candidat dans son futur poste.

Dispose t il des compétences, des qualités et des motivations nécessaires pour tenir le poste ?

Dans chacune de vos communications, veillez à bien être sur le mode de la vente. En répondant aux questions, expliquez vous bien au recruteur (l'acheteur) tous les bénéfices qu'il va retirer de votre vente (de vos services et vos compétences) ?

Pour le convaincre, ayez recours aux exemples précis et concrets.

Vous pouvez aussi lui poser des questions de rhétorique où la réponse est déjà dans la question.

Exemple: Vous recherchez bien un jeune diplômé de niveau BAC+ 5 ? A utiliser avec modération.

Apprenez à sculpter vos mots et vos phrases pour obtenir la réponse que vous souhaitez : un oui à votre offre de services, un contrat de travail signé.

Section 2 : La rédaction de votre curriculum vitae

La technologie est en train de révolutionner la façon dont nous postulons à un emploi.

Le CV papier a été détrôné par le CV électronique sauf exception (lors de forums de recrutement par exemple)

Les candidatures en ligne se déclinent selon deux modes :

Le *CV numérique* en pièce jointe et le *CV formulaire* en ligne des CVthèques des job boards ou des sites des entreprises.Moins usité, mais en développement se trouve le CV en ligne.

Cependant, peu importe la forme, il reste l'un des outils clés de votre recherche de situation: carte d'identité professionnelle indispensable pour pouvoir saisir les opportunités du marché.

L'objectif premier de votre CV est d'être votre premier outil de communication. Il communique surtout votre formation, votre expérience et vos compétences.

Il doit vous permettre avec la lettre de motivation de décrocher un entretien.

Pour le rédiger, vous vous attacherez au fond puis à la forme.

Votre CV gagnant : le fond

1. Les règles de fond

Les 4 grandes règles de fond à intégrer avant de le bâtir sont les suivantes:

Votre CV sera honnête :

Enoncer les faits en disant la vérité; en particulier sur vos niveaux de langues. Ne dites pas que vous parlez anglais couramment si vous avez quelque difficulté à vous présenter en anglais.

Votre CV sera vendeur

Soyez positif : vous offrez vos services.

Eveillez la curiosité : n'énonce pas tous vos atouts dans le CV.

Votre CV sera personnalisé

Faites un CV pour chaque type de fonction recherchée. Par exemple, on aura intérêt à faire des CV différents selon la fonction recherchée en mettant en valeur des points distincts (stages, expériences pertinentes par rapport au poste visé, spécialisation de troisième année, séjours à l'étranger,…).

Plus vous personnalisez votre CV en fonction du poste proposé, plus vous aurez de chances de passer les mailles du filet du recruteur qui vous sélectionne. Autrement dit, la seule façon de rédiger correctement un CV, c'est de le rédiger comme le recruteur du poste à pourvoir l'attend!

Cela veut dire qu'il n'y a pas de CV type. Il n'y a que des CV personnalisés en fonction du poste à pourvoir!

Cela veut aussi dire que votre CV évolue au fil du temps, en fonction de votre course de vie (i.e. sens de CV en latin). Actualisez-le donc en permanence.

Le modèle de CV ci-dessous n'est donné qu'à titre indicatif pour illustrer concrètement nos propos.

Votre CV sera précis

Ne laissez pas de trous inexpliqués dans votre CV.

Indiquez bien les dates de début et de fin de vos expériences avec le mois et l'année ou pour le moins la durée exacte de chaque expérience.

Évitez les formulations vagues concernant votre formation :

Etre diplômé d'une école n'est pas la même chose que d'être diplômé d'un Mastère de la même école.

Soyez factuel et chiffré. Attention cependant, de ne pas utiliser de jargon ou de mots très techniques.

1.2. Votre CV rubrique par rubrique

Surtout, n'indiquez jamais " Curriculum Vitae" en tête: c'est évident!

Coordonnées :

Dans cette rubrique, vous indiquerez :

Nom et adresse.

Si vous êtes étudiant, indiquez bien vos coordonnées étudiantes mais aussi celles de vos parents. C'est bien pratique lors des vacances scolaires en particulier l'été, de pouvoir communiquer avec eux, en votre absence.

Téléphone :

Si vous êtes professionnel en activité, indiquez un numéro de téléphone avec une messagerie vocale

Enfin, le portable est pratique pour vous joindre ou vous envoyer un SMS

Email :

Votre adresse email est indispensable. Une seule suffit.

Etat civil et situation de famille :

Vous ne l'indiquez que si cela constitue un plus pour vous.

Exemple : le fait d'être célibataire est un plus (mais non une condition nécessaire) pour une carrière internationale.

Votre formation :

Commencez par votre diplôme le plus prestigieux puis, indiquez vos autres formations les plus significatives.

Inutile d'indiquer les diplômes intermédiaires pour une même filière (le DEUG si vous avez une licence par exemple).

Le BAC ne sera mentionné que si vous l'avez obtenu avec mention bien ou très bien.

Votre formation sera au début si vous avez moins de 5 ans d'expérience.

Langues :

Pour chaque langue étrangère pratiquée, indiquez clairement votre niveau : bilingue, courant, bon niveau, scolaire.

Evitez la mention perfectible ou encore actualisable.

Informatique :

Vous pouvez indiquer ici toutes vos connaissances informatiques en dissociant clairement (le cas échéant)

-Logiciels bureautiques

-Logiciels techniques

-Langages

-Environnements

Expérience professionnelle :

Privilégiez l'ordre chronologique inversé (on commence par le poste le plus récent)

Pour chaque expérience, indiquez les dates de début et de fin, la fonction exercée, l'entreprise puis en passant à la ligne et si possible avec des tirets vos réalisations.

Insistez sur vos résultats probants et vos capacités à résoudre les difficultés.

Pour vos réalisations, mentionnez des faits précis et si possible, des chiffres. Vous serez très convaincant si vous arrivez à trouver des réalisations qui ont permis de manière quantifiable :

- d'augmenter le chiffre d'affaires :

-de diminuer les coûts

-ou encore mieux, d'augmenter les marges

-mais aussi, de faire gagner du temps

Exemples:

Formation de 50 utilisateurs à un nouveau logiciel

Réduction des temps de pannes de 10 %

Association XY : Trésorier Gestion d'un budget de plus de 7000 euros.

Quelle importance accorder aux stages? Plus vous êtes jeune, plus ils sont importants. Indiquez vos stages en insistant sur les éléments les plus en rapport avec le poste que vous briguez.

Centres d'intérêt :

Pour la clarté, pensez à sous rubriquer cette partie avec par exemple

-Loisirs

-Voyages

- Activités associatives ou caritatives : le cas échéant, elle montre votre implication dans votre communauté.

- Sports: pensez ici, si c'est le cas, à indiquer un sport collectif preuve de votre esprit d'équipe si recherché aujourd'hui.

Le CV n'est jamais envoyé seul mais avec une lettre ou mail d'accompagnement.

Votre CV gagnant : La forme

Pour susciter l'intérêt de votre lecteur, il convient de respecter un certain nombre de règles de bon sens.

1. Les règles de forme sont les suivantes :

Votre CV sera court

Une page doit suffire sauf éventuellement si vous avez plus de 5 ans d'expérience. Votre CV comportera l'ensemble des éléments significatifs vous concernant, mais seulement les informations significatives.

Votre CV sera clair

Faites un CV lisible et clair. Le texte sera "aéré".

. Votre CV sera propre

Faites un CV propre; Il est nécessaire que tout soit «clean». La couleur utilisée à bon escient est la bienvenue.

2. Check list sur la forme de votre CV

L'orthographe / la syntaxe

Pas de fautes d'orthographe ni de grammaire. N'hésitez pas à utiliser l'ortho viseur de Ms Word. Il est très pratique pour les accents par exemple.

Faites des paragraphes courts; utilisez des substantifs et évitez les CV rédigés à l'anglo-saxonne. «J'ai mené une mission...».

Typographie et mise en valeur

Utilisez à bon escient les possibilités offertes par le traitement de texte (gras, italique) pour produire un document clair et agréable à lire. Le gras pourra ne faire ressortir que les éléments essentiels.

Restez sobre. N'utilisez pas plus de deux polices de caractères et préférez Times New Roman ou Arial.

La mise en page

Vous pouvez rajouter à votre CV, si vous le désirez, une photographie d'identité d'excellente qualité. Si vous êtes photogénique et d'un naturel souriant, c'est un plus.

N'envoyez pas avec votre CV français d'autres documents (diplômes...) Vous les présenterez éventuellement en entretien.

Si vous envoyez votre CV par mail, évitez de le nommer CV.doc ; préférez quelque chose de plus explicite du type pierredupond.doc

Indiquez clairement les grandes rubriques de votre CV et veillez à ce qu'elles aient une taille homogène.

Vocabulaire

Les bons mots du CV sont des mots actifs et positifs. Evitez problèmes, soucis …par exemple.

Dernier conseil : Faites relire votre CV par des tiers

. Exemple et modèle de CV

Jean DURANT

Adresse permanente Adresse étudiante

6, rue des Roses Bâtiment A

75008 Paris 1, rue de la Libération

78351 JOUY EN JOSAS

Portable : 06 85 33 15 57

Email : durant@hec.fr

22 ans

FORMATION

20xt- 20xv **HEC - **Hautes Etudes Commerciales, actuellement en 3ème année, spécialisation Marketing

20xy- 20xz Classes préparatoires HEC, **Lycée Hoche**, Versailles

20xx Baccalauréat S obtenu avec mention Bien

EXPERIENCE

Juin-Sept.20xr **Groupe Z,** Chargé d'études, Paris

Réalisation d'une étude sur l'implantation de la nouvelle marque A en Grandes et Moyennes Surfaces dans le Sud

Enquêtes téléphoniques, traitements statistiques des données (logiciel Modalisa), présentation des résultats

Juin-Sept.20xu **Groupe X**, Assistant marketing, Berlin, Allemagne

Constitution d'un dossier global sur le positionnement prix du Groupe Allemagne

Résultat : négociation du statu quo sur les prix de cession entre la maison mère et la filiale pour l'année 1999

LANGUES ET INFORMATIQUE

Anglais Courant (TOEFL 277/300 - 4 mois passés aux Etats-Unis)

Allemand Bon niveau

Informatique Bonne connaissance de Windows XP, Word, Access, Excel, Outlook

CENTRES D' INTERET

Sports Gardien de but de l'équipe de football d'HEC

Voyages Principalement Europe, Amérique du Sud et Japon

Vie Associative Vice Président, responsable des achats de l'association

Gestion d'un budget de 50 K€ : appel d'offres, négociation des contrats et décisions d'achat.

Mobile à l'international

Section 3 : La lettre de motivation

1. Les règles générales

Contexte d'écriture

Pour écrire votre lettre de motivation, prévoyez deux heures de calme

Les différents types de lettre

Il existe deux types principaux de lettres :

Les lettres de réponse à une annonce

Les lettres de candidatures spontanées

1.1. Le fond :

Tout comme le CV, votre lettre obéit à des règles de fond :

Votre lettre sera honnête :

Un attachement rigoureux à la vérité est une nécessité absolue.

Votre lettre sera vendeuse :

Elle développe votre argumentaire. Vous voulez faire acquérir vos compétences, vos motivations et vos qualités à votre interlocuteur. Elle insiste sur les bénéfices que vous allez apporter à votre employeur.

Votre lettre sera personnalisée :

Je n'insisterai jamais assez sur ce sujet; nous sommes à l'ère du « one to one » et du « one to few », de la communication personnalisée. Il n'est plus question d'envoyer une même lettre et un même CV à plusieurs personnes en même temps, comme une circulaire. Ce serait une erreur.

Enfin, votre lettre sera précise :

Indiquez précisément les coordonnées de l'annonce à laquelle vous répondez ou le poste précis que vous recherchez.

Pour attirer l'attention de l'employeur potentiel, vous devez suivre la structure suivante : **VOUS, MOI, NOUS.**

Le premier paragraphe : VOUS

Le premier paragraphe de la lettre de motivation à pour but de montrer votre empathie et votre intérêt pour l'entreprise à laquelle vous écrivez. Indiquez toujours le poste que vous recherchez. Trouvez une bonne accroche.

Des formulations telles que :

Souhaitez-vous recruter ... ?

Vous avez décidé récemment de vous implanter en France,...

<u>Le deuxième paragraphe</u> : MOI

Dans le deuxième paragraphe, vous argumentez. Vous argumentez de l'argument le plus fort au plus faible. Pour la recherche des arguments, tout votre travail fait lors de l'élaboration de votre projet va vous resservir à merveille. Il suffit de reprendre les éléments clés de votre profil qui « matchent » avec les exigences du poste. Simple ? Il est bien entendu nécessaire d'adapter ce paragraphe à l'entreprise que vous contactez.

Insistez davantage sur ce que vous allez apporter à l'entreprise plus que sur ce que vous en attendez !

Vous pourrez utiliser des formulations telles que :

Comme vous l'exigez dans votre annonce, j'ai d'excellentes connaissances en C++.

<u>La fin de la lettre</u> : NOUS

Dans le dernier paragraphe, vous faites une demande explicite d'entretien.

Dans l'attente de notre prochain entretien,...

Puis vous terminez par une formule de politesse.

<u>Les formules de politesse</u> :

Sélectionnez une formule de politesse adaptée à votre interlocuteur.

Parmi les plus courantes, on peut citer :

Veuillez agréer, Monsieur, l'expression de mes salutations distinguées

Je vous prie de croire, Madame, à l'assurance de ma considération distinguée.

Dans les mails, la formule de politesse est souvent raccourcie. Vous pouvez terminer vos mails par la mention Cordialement,

<u>Signature</u>

N'oubliez pas de signer votre lettre

1.2 La forme

Les règles de forme

Les règles de forme sont les mêmes que pour le CV :

Votre lettre sera courte :

Elle ne doit pas dépasser une page. Vos interlocuteurs sont pressés. Avec Internet, media rapide, elle devient de plus en plus courte.

Votre lettre sera claire

Votre lettre sera propre

Check list

Orthographe/ grammaire et syntaxe

Pas de fautes d'orthographe ni de grammaire. N'hésitez pas à utiliser l'ortho viseur de Ms Word.

Faites des phrases simples sujet +verbe + complément.

Faites des phrases courtes car cela simplifie la lecture.

Ecrivez des phrases d'une longueur moyenne de 15 mots.

Typographie, mise en valeur et couleurs

Utilisez à bon escient les possibilités offertes par le traitement de texte (gras, italique) pour produire un document clair et agréable à lire. Le gras pourra ne faire ressortir que les éléments essentiels. La couleur n'est pas à négliger. Bien utilisée, elle valorise votre lettre de motivation.

Restez sobre. N'utilisez pas plus de deux polices de caractères et préférez Times New Roman ou Arial

Les références de l'annonce le cas échéant

Objet de la lettre n'est pas obligatoire. Eviter comme objet demande de stage ou d'emploi

Vocabulaire : les bons mots sont :

-les plus courts,

-les plus simples à lire

-les plus usuels

-les plus connus

-les plus chargés de sens

(Ils sont français, concrets, impliquants)

Dernier conseil : Faites relire votre lettre par des tiers

2. Exemple de lettre de motivation par mail

Monsieur,

Etes-vous à la recherche d'un stagiaire pour cet été ?

J'ai vu un sujet de stage qui m'intéresse sur votre site web dont la référence est SAM1 et qui dure 3 mois.

Je suis actuellement étudiant en deuxième année de l'école Supélec, et je pars faire un Master de Computer Science l'an prochain dans une université nord-américaine.

C'est pourquoi je recherche un stage dans le domaine informatique.

Je pense avoir suffisamment de compétences pour effectuer ce stage, ayant déjà de solides connaissances du développement sous UNIX grâce au projet que j'ai réalisé cette année dans le cadre de mes études.

Le but de ce projet de six mois en groupe de deux était de réaliser sous Linux une application dont la tâche était de traiter de l'information brute issue des fichiers de logs d'un SGBD (système de gestion de base de données). J'ai donc pu me familiariser avec les makefiles, les fichiers de logs, le développement sous UNIX. De plus ce projet s'inscrit dans un véritable travail de recherche effectué par RNRT (Réseau National pour la Recherche en Télécommunications).

En espérant que votre stage est toujours à pourvoir, et dans l'attente de notre prochain entretien, cordialement.

Jean DUPOND

(CV en pièce jointe)

L'entretien est le point culminant de tout recrutement; c'est le moment où vous allez enfin entrer en contact avec le recruteur de l'entreprise. C'est aussi le moment ou le recruteur va prendre sa décision de vous recruter ou pas.

Vous découvrirez dans le prochain chapitre

- le mode d'emploi de l'entretien

- L'importance d'une bonne préparation avant l'entretien

- Savoir se présenter pendant l'entretien grâce à une solide argumentation

- Exploiter les résultats de l'entretien et assurer le suivi après l'entretien

Chapitre 4 : L'entretien d'embauche

Celui qui est sage de coeur manifeste la sagesse par sa bouche, Et l'accroissement de son savoir paraît sur ses lèvres. Proverbes 16 :23 La Bible

Section 1 : L'entretien : mode d'emploi

De même que vous avez de longues heures à préparer l'écrit de votre recherche d'emploi ou de stage, il convient de passer aussi du temps à préparer soigneusement l'oral de votre recherche d'emploi ou de stage.

Pour franchir avec brio cette ultime étape dans votre recherche d'emploi, cela passe par une bonne préparation avant l'entretien, puis une solide argumentation brillamment présentée pendant l'entretien, sans oublier de bien assurer le suivi de l'entretien.

Vous avez ici à apprendre comment persuader.

Les Bases

Buts de l'entretien

L'entretien a 2 finalités :

- Pour le recruteur : évaluer votre adéquation par rapport à la culture de son entreprise, et au poste à pourvoir. Le cas échéant, éventuellement vous convaincre d'accepter sa proposition.

- Pour vous : Vous présenter; persuader, convaincre le recruteur que vous êtes le candidat dont il a besoin, « vendre » vos compétences, vos qualités, vos motivations pour le poste qui vous est proposé; en particulier, vous pouvez exposer les points non évoqués par vos documents écrits.

Une question de crédibilité et de confiance

Le recruteur a autant de pression -si ce n'est plus- que vous. Alors rassurez le !

Un recrutement peut coûter jusqu'à 50 000 € !

Le point essentiel dans un recrutement est la confiance. Il est nécessaire de construire la confiance avec votre interlocuteur. Il veut réussir son recrutement, il veut être promu pour ses qualités de recruteur.

Pour être retenu, il est nécessaire d'être crédible. Il est aussi important de prendre ce rendez vous très au sérieux. Il est nécessaire de s'impliquer à 100 %.

Il va être nécessaire de vous positionner comme un candidat fiable, sur qui il est possible de compter.

Il y a toujours une part aléatoire dans un entretien. L'entretien n'est pas une science, c'est plus un art.

Le processus de recrutement, comme le dit Nathan Azrin, ressemble plus à un rendez vous galant ou amoureux qu'à la visite d'un appartement à louer ou à vendre. Les mécanismes en jeu sont parfois impulsifs et pas totalement rationnels.

2. Durée de l'entretien

Un entretien classique dure environ 1 heure. Cependant cette heure fait partie des heures les plus importantes de votre vie professionnelle.

Il existe des entretiens plus courts de 10-15 minutes. Il s'agit des entretiens de présélection. Il existe aussi des entretiens plus longs dans le cadre de journées de recrutement organisées par les entreprises.

Les Types D'entretien

Les entretiens de recrutement sont de plus en plus sophistiqués et complexes. De plus en plus, il y a plusieurs entretiens avant un recrutement et non pas un. De nombreux facteurs entrent en ligne de compte : les autres candidats, la politique interne de l'entreprise,…

1. L'entretien de screening téléphonique

Il s'agit de valider quelques pré -requis simples pour le poste. Par exemple, un niveau de langue, la date de disponibilité… Il a souvent lieu par téléphone.

2. L'entretien face à face (one to one)

C'est la forme la plus courante.

Il s'agit d'un entretien seul face à un recruteur.

L'entretien peut être unique. Vous pouvez aussi avoir des entretiens avec plusieurs personnes d'affilée ;

3. L'entretien de groupe (several to several)

Plusieurs candidats sont reçus en même temps par un ou plusieurs recruteurs. Ces entretiens sont souvent utilisés pour les recrutements de commerciaux ou de managers où l'aisance sociale est primordiale; souvent il y a un jeu de rôle : vous devez vendre un projet au groupe et répondre à ses questions. Les recruteurs notent vos réactions, votre attitude, vos réflexions. Si vous êtes à l'aise en société, vous apprécierez ce type d'entretien.

4. L'entretien individuel face à plusieurs recruteurs en simultané:

(several to one)

Vous pouvez dans une même session de recrutement vous retrouver face à plusieurs personnes (2 en général, parfois plus); elles échangeront leurs points de vue ensuite. Cela permet aux deux parties d'économiser du temps et de mieux connaître différents membres du personnel de l'entreprise. Restez concentré jusqu'au bout.

Les Différents Types De Recruteurs

Essayer de comprendre qui est votre interlocuteur. Si besoin est, faites des recherches.

Au minimum, il s'agit de bien retenir son nom et sa fonction.

Exercice : avec qui a lieu mon prochain entretien ?

Les Ressources Humaines

Un opérationnel

Mon futur supérieur hiérarchique direct

Un coéquipier

Le N+2 ou plus

Un Cabinet de recrutement ou un cabinet de chasse de tête

Section 2 : Avant L'entretien

Préparation Matérielle

Munissez-vous de:

-Votre smartphone

-Au minimum 5 CV (autant que d'interviews possibles)

-Un dossier avec toutes les informations concernant votre interlocuteur

(Adresse, annonce de recrutement, extraits du site web, chiffres significatifs,…)

-Votre liste de références (surtout pour les entretiens avec des entreprises anglo-saxonnes)

-Des preuves de la qualité de votre travail passé : catalogue, portfolio, certificat de travail... ; évitez des réalisations amateurs.

- Votre fiche parcours qui indique l'itinéraire précis et minuté pour vous rendre de votre domicile au lieu de l'entretien. Pour vous y aider, vous disposez de l'excellent site google maps

Pour vos déplacements en transport en commun sur la région parisienne, vous pouvez consulter : ratp.fr

Prévoyez large en cas d'imprévus (bouchons, retards trains, ascenseurs longs,…). Si l'entreprise n'est pas très loin de chez vous, vous pouvez aller repérer les lieux avant d'y aller.

- le cas échéant, vos cartes de visite personnelles si vous êtes un professionnel en activité avec juste votre prénom et votre nom que vous compléterez avec vos coordonnées à la main avec un très beau stylo.

- Un cahier ou du papier pour prendre des notes et de quoi écrire : un crayon à papier ou un stylo ; à mettre dans une mallette élégante.

- un peigne ou une brosse

Tout compte.

La préparation matérielle dure entre une heure et deux heures.

Préparation Physique

Beaucoup d'individus ne font rien pour apparaître sous leur meilleur jour ; pourtant vous avez tout intérêt à investir dans votre physique ;

D'abord, tous les employeurs sont très sensibles à votre apparence extérieure. Bien entendu, certains employeurs accordent peu d'importance à l'apparence extérieure, mais ces exceptions confirment la règle.

Votre habillement : en entretien, l'habit contribue à faire le moine

Vos vêtements doivent être choisis en fonction de votre morphologie, de votre teint de votre forme de visage.

Je rajouterai qu'il est aussi important de s'habiller en fonction de l'entreprise dans laquelle vous postulez. Le vêtement a un rôle social. Il est non seulement un moyen de vous intégrer dans la société mais aussi une manière de faire plaisir à votre entourage.

Pour passer le cap, il convient d'intégrer les codes vestimentaires de l'entreprise dans laquelle vous souhaitez travailler et les suivre.

Pour cela, l'idéal serait d'aller à l'heure du déjeuner ou le matin devant les bureaux et de repérer les looks des employés.

Vos vêtements doivent être propres sans aucune tâche. Pensez y à l'avance pour ne pas être pris au dépourvu à la dernière minute.

Quelques exemples :

Pour les hommes :

Pour un financier : complet classique gris, chemise bleue unie ou blanche, chaussures sombres genre Richelieu et cravate sans fantaisie.

Pour un consultant : chaussures Weston, costume gris ou blazer bleu marine.

Pour un chef de pub en agence : le look pourra être plus décontracté.

Pour un commercial : parfois plus excentrique avec chemise rose et cravate voyante.

Pour les femmes :

Le tailleur est souvent le meilleur choix.

Cependant, avec l'évolution de la société, il est de plus en plus généralement admis de porter un pantalon. Cela vous évite d'être inconfortable le cas échéant lorsque vous vous asseyez.

Inutile cependant de courir chez un couturier pour vous acheter une collection de chapeaux !

Sauf à entrer dans une start up, il est généralement déconseillé d'arriver en jean et TShirt sponsorisé par une grande marque (fut-ce une de celle de l'entreprise rencontrée).

Exercice : De quoi avez vous l'air ?

Avez-vous une apparence soignée ?

Si non, quelles mesures allez-vous prendre ?

Verres de contact au lieu de lunettes, par exemple ?

Que vais-je faire pour paraître plus séduisant ?

Votre look, si je reprends une image marketing, c'est votre « packaging ». On peut faire beaucoup avec son look.

Préparation Intellectuelle Et Émotionnelle

1. Préparation intellectuelle

Pour préparer votre entretien, des dimensions à prendre en compte :

Nourrissez votre esprit d'informations sur vous, l'entreprise que vous rencontrez et votre projet ;

Connaître son dossier ou connais toi toi-même

Un préalable indispensable : reprenez votre bilan personnel et professionnel.

Demandez vous : En quoi mon profil peut il intéresser l'entreprise que je rencontre ?

Reprenez clairement :

- vos études avec les dates exactes et précises

- vos expériences avec leur chronologie ; les compétences que vous y avez développées ; c'est un jeu d'enfant maintenant ; il suffit de reprendre vos notes et en 5 minutes c'est fait. Donnez des chiffres (bis repetita).

- vos qualités

- vos motivations

- votre rémunération

Connaître le contexte de l'entretien

Renseignez vous sur :

- le recruteur (!) : qui est il ?

- le poste qui vous est proposé

Interrogez-vous sur les exigences de l'entreprise.

Mettez-vous à la place du recruteur et demandez-vous .

Si j'avais ce poste à pourvoir, quels seraient les savoirs, compétences, savoir être que j'exigerais ? pour cette entreprise, compte tenu de sa taille, de ses produits, de son secteur d'activité, de son développement, de sa localisation ?

- le secteur d'activité de l'entreprise qui recrute

- l'entreprise elle-même

Que savoir sur l'entreprise ?

Votre plan de recherche

Renseignez- vous sur l'entreprise

Les informations à recueillir sur l'entreprise sont :

- la carte d'identité de l'entreprise o forme juridique o historique o implantation géographique o effectifs o la mission de l'entreprise o culture de l'entreprise

- marché o le CA o les produits et services o les principaux concurrents o le positionnement actuel et futur de l'entreprise o la politique commerciale

- Moyens o Ressources financières : profitabilité et croissance o Organisation administrative et Informatique

- Avenir o Enjeux de recrutement o Prévisions à court terme et long terme

Pour vous renseigner sur l'entreprise, la meilleure source est le site Internet de l'entreprise : portez une attention particulière à leur page ressources humaines et pour les sociétés cotées à leur rapport annuel.

Vous pouvez aussi consulter :

Les moteurs de recherche

Les Éditeurs spécialisés

Les réseaux personnels ou informels

Les salons de recrutement

Si vous allez à un forum, demandez la plaquette du forum ; lisez attentivement la fiche consacrée à votre entreprise cible. Retenez au moins l'ordre de grandeur des effectifs : la culture d'une entreprise de 3000 personnes n'est pas la même que celle de 250 !

2 Préparation émotionnelle

Ce paragraphe intéressera plus particulièrement les émotifs, les sensibles et les timides qui stressent avant les entretiens importants.

Nous vous proposons plusieurs façons de contrôler vos émotions :

La visualisation

Vous pouvez visualiser l'entretien comme les sportifs

Une visualisation fréquente, vive, intense et durable est nécessaire pour être efficace.

Vous arrivez calme dans la salle. Vous êtes souriant et confiant.

Vous vous voyez en train de vous installer puis de commencer votre présentation. Ensuite, vous vous imaginez communiquer avec aisance et naturel jusqu'à la fin de l'entretien.

La respiration consciente

La meilleure technique pour juguler son émotivité en entretien reste la respiration calme et consciente ;

Sinon, bougez ! Faites du sport.

Essayez de programmer une séance de stretching, de natation ou de jogging avant l'entretien.

2.4 Vous pouvez aussi aller au cinéma ou écouter votre musique favorite sur votre dernier outil numérique !

Section 3 : Pendant L'entretien

Albert Mehrabian dans un article intitulé

« décoder la communication contradictoire, décompose chaque communication selon 3 canaux : visuel, vocal et verbal. (les 3 V).

Dans un entretien, 93 % de la communication est non verbale : 55% de l'intérêt du recruteur se porte sur votre communication visuelle, 38 % sur votre communication vocale.

Nous pourrions dire aussi que 93 % de la réussite d'un entretien est dans le mental ou psychologique.

Selon cette étude, il ne s'intéresse qu'à hauteur de 8 % seulement à votre communication verbale, autrement dit au fond de votre discours !

L'entretien peut se décomposer en 3 grandes phases : entrée en matière (3 premières minutes), la phase d'argumentation et la phase de conclusion (les 5 dernières minutes).

Le Langage Non Verbal

Dans un entretien, selon Albert Mehrabian, 93 % de la communication est non verbale. Il convient donc de savoir se présenter sur le plan non verbal.

1. Votre communication visuelle et le langage corporel, les attitudes et comportements

L'entretien est une épreuve de self control.

Savoir vivre

Soyez à l'heure et si possible 30 minutes en avance.

La ponctualité est la politesse des rois.

Soyez poli et courtois avec vos interlocuteurs. Ne vous asseyez pas sans y avoir été invité.

Si vous voulez prendre des notes, demandez l'autorisation au préalable.

La réussite de l'entretien peut dépendre entièrement de la première impression visuelle que vous produisez sur votre interlocuteur.

Beaucoup se joue en moins de 2 minutes.

Votre apparence est un critère de poids.

55% de l'intérêt du recruteur se porte sur votre communication visuelle.

La règle des 4 *20

Quand vous débutez votre entretien rappelez-vous la règle des 4 fois 20 des commerciaux :

- Votre démarche, votre maintien ; les 20 premiers pas : ils vont donner une impression sur votre allure.

- Votre poignée de main et votre regard : 20 premières secondes ; pensez à bien regarder votre interlocuteur dans les yeux et le cas échéant à lui serrer la main avec fermeté mais sans la broyer. Evitez mes mains moites ou mouillées ; elle créent une sensation désagréable chez votre interlocuteur.

- Votre expression du visage : 20 centimètres du visage avec votre plus beau sourire : souriez mais souriez vraiment.

Soyez aussi vigilant sur vos gestes :

Evitez les bras croisés par exemple.

Et le dernier 20 ?

2. Votre communication vocale

38 % de l'intérêt de votre interlocuteur porte sur votre voix.

Il s'agit de vos 20 premiers mots.

Commencez votre entretien de façon simple et naturelle. Essayez de créer une atmosphère agréable.

Soyez confiant et amical.

Le Langage Verbal

Etudions à présent la variable qui nous parait habituellement la plus importante mais qui en fait est marginale surtout au début de l'entretien : le langage verbal.

8% seulement de l'intérêt de votre interlocuteur porte sur les mots.

Adoptez un langage :

- professionnel,

- positif, optimiste, convivial

- précis, détaillé

- synthétique

- personnalisé par rapport à votre interlocuteur : A chaque réponse que vous faites (flèche) demandez vous : suis-je au cœur des besoins de mon interlocuteur (cœur de cible) ?

Les questions les plus fréquentes des recruteurs

Vous êtes en entretien. Vous êtes nez à nez avec le(s) recruteur(s) soit de façon formelle dans le bureau du recruteur, soit de façon plus informelle lors d'un forum.

Il ne dit rien. Que lui dites vous ? ou bien, il vous demande de vous présenter. Que lui répondez vous ?

C'est l'opportunité de votre carrière. Comment allez vous vous en sortir ?

Il s'agit d'établir un rapport avec votre interlocuteur.

Deux solutions :

1) Vous demandez à votre interlocuteur de préciser la question :

Quel point particulier souhaitez vous que je développe ?

2) Ou alors, vous répondez en direct.

Vous avez besoin de préparer une courte description de qui vous êtes et de votre valeur ajoutée.

Utilisez le français parlé. Utilisez des mots et des phrases courtes. Utilisez des mots spécifiques et concrets. Utilisez des verbes d'action conjugués à la forme active.

Votre présentation idéalement donnera le souhait d'en savoir plus.

Dire bonjour et remercier pour l'accueil

Commencez évidemment par dire : « Bonjour » avec le sourire. Après avoir décliné votre prénom et votre nom, il est temps de commencer votre courte présentation.

Votre présentation

Elle ne doit pas durer plus de 2 minutes ? 30 secondes, c'est OK. Plus elle est courte, mieux c'est.

Concentrez vous sur vos atouts majeurs par rapport au poste que vous visez.

Il convient ensuite de rédiger un script (que les anglo saxons appellent elevator speech) pour inclure toute l'information que vous souhaitez faire passer.

Exemple : Ma dernière expérience est un stage de ventes dans le secteur de l'assurance. Ce que j'ai particulièrement aimé dans ce poste, ce sont les contacts et le défi quotidien d'avoir à convaincre de nouveaux clients. Lors de ce stage, j'ai noué de fructueux contacts avec pour résultats le dépassement de 20 % de mes objectifs.

Ce qui m'a le plus servi, ce sont mes capacités d'analyse des besoins du client. J'écoute toujours mes clients avec beaucoup d'attention pour mieux les comprendre.

Je recherche actuellement un poste en vente dans une équipe où je pourrais avoir un fort impact sur les résultats commerciaux.

Autres exemples plus courts : « J'aide les entreprises à trouver d'excellents collaborateurs »

« J'aide les jeunes diplômés dans leur développement professionnel en France et à l'international » et non je suis consultant.

« J'aide les entreprises à optimiser leurs systèmes informatiques pour permettre à leurs employés d'être plus performants. »

Enfin, répétez votre présentation jusqu'à que cela devienne naturel.

Faites attention à votre élocution et à la fluidité de votre discours.

Allez du général au particulier.

Puis, répondez aux questions du recruteur en le sécurisant. Veillez à faire des réponses synthétiques et précises au recruteur.

-- Questions sur votre formation :

Quelle formation avez-vous suivie ?

Quelle formation complémentaire avez-vous suivie ?

Pourquoi avez vous choisi cette filière ?

Dans quelle matière étiez-vous le plus à l'aise ?

Quelle spécialisation de troisième année avez-vous choisie ?

Avez-vous fait les classes préparatoires ?

Quel a été votre cursus scolaire général jusqu'au BAC ?

Avez-vous eu votre BAC avec mention ? Si oui, laquelle ?

Questions sur les langues

Parlez-vous couramment anglais ?

Quel score avez-vous obtenu au TOEIC ? TOEFL ?

Quelles sont les autres langues étrangères que vous connaissez ?

Avec quel niveau ?

Questions sur votre niveau en informatique

Quelles sont vos connaissances informatiques ?

Connaissez vous le C, le C++, Java, Unix,Oracle,SQL,ASP,XML ?

-- Questions sur votre expérience et vos compétences

Que vous ont apporté vos jobs ?

Qu'avez-vous appris et fait pendant votre premier stage et votre deuxième stage ?

Parlez moi de votre dernière expérience.

Quelles ont été vos principales réalisations en tant que trésorier de XY?

Que savez-vous faire ?

Savez-vous vendre ?

Quelles sont vos principales expériences professionnelles ?

-- Questions sur vos qualités

Quelles sont vos principales qualités ?

Quels sont vos points forts ?

Quels sont vos points faibles ?

Pouvez-vous donner un exemple de votre ténacité ?

Etes-vous ambitieux ?

Préférez-vous travailler seul ou en groupe ?

Avez-vous des amis ?

Que pense-t on de vous parmi vos amis ?

Est-ce que vous vous considérez comme quelqu'un de rapide quand vous devez prendre une décision ?

Etes-vous un leader ou un follower ?

-- Questions sur vos motivations par rapport au poste et à l'entreprise :

Pourquoi voulez vous travailler dans notre entreprise ?

Pourquoi voulez vous devenir assistant chef de produit ?

Quelles sont vos motivations ?

Qu'est-ce qui vous motive pour avancer dans la vie ? Quelle serait pour vous la fonction idéale ?

Pourquoi pensez-vous que vous apprécierez ce poste ?

Etes-vous attiré par une structure grande ou petite ?

Souhaitez-vous travailler sur des projets à dimension locale ou globale ?

Quelle rémunération souhaitez-vous obtenir ?

Quel est votre projet professionnel ?

Quel est votre plan de carrière ?

Quels sont vos objectifs à court, moyen ou long terme ?

Question sur la mobilité :

Etes-vous mobile en France ? A l'étranger ?

Seriez-vous prêt à vous expatrier ? Etes-vous prêt à déménager tous les 4 ou 5 ans ?

Ou préférez-vous faire des déplacements ponctuels ? Si oui, selon quelle fréquence ?

Question sur la disponibilité :

Quand êtes-vous disponible ?

Les questions du candidat

Il est aussi important en entretien de savoir répondre aux questions que de savoir poser des questions. Elles montrent votre intérêt pour le poste.

Elles vous permettent de personnaliser vos réponses.

La grande clé de l'entretien réside bien là.

Les questions : de votre capacité à en poser avec tact et profondeur va dépendre la réussite de votre entretien.

En entretien, même si l'enjeu est important, il convient de rester naturel.

Et par suite, comme dans une conversation classique, il convient d'interagir avec votre interlocuteur et de lui poser des questions percutantes.

Vous serez autant évalué sur la qualité de vos réponses que sur votre capacité à attirer l'attention de votre interlocuteur par la qualité de vos questions.

Leur formulation va largement dépendre de la profondeur d'information en votre possession.

Je vous suggère les thèmes suivants de questions :

Question sur la fonction, le contenu du poste et ses contours

Questions sur le rattachement hiérarchique du poste avec qui allez-vous travailler ?

Où vous situez-vous dans l'organigramme ?

Questions sur les perspectives d'évolution dans l'entreprise

Question sur les possibilités de formation

La négociation salariale

La question du salaire est à aborder en toute, toute fin d'entretien si la question n'a pas été évoquée par le recruteur et si vous sentez que la situation le permet.

Comment déterminer votre niveau de rémunération ?

Avant d'aller à l'entretien, faites une étude sur les salaires.

Vous pouvez partir du coût de la vie. De combien avez-vous besoin pour vivre ?

Partez sur la base des autres propositions qui vous sont faites par d'autres entreprises

Regardez les enquêtes salaires du service emploi carrières, de

L'Association des Anciens Elèves de votre Ecole ou dans la presse. Soyez cependant vigilant avec les résultats.

Les derniers sortants dans le métier que vous visez sont la meilleure source d'informations.

Ne confondez pas salaire net et salaire brut ;

N'oubliez d'aborder les autres avantages liés au salaire :

- prime,

- Intéressement,

- stock options,

- signing fee

- voiture de fonction

- prime de déménagement

- réévaluation de votre salaire à 6 mois ou 1 an,…

Restez dans l'ouverture au départ.

Lors d'un premier entretien restez général dans vos questions. Ce n'est pas le moment de demander si vous pouvez bénéficier d'une prime de déménagement. Essayez simplement de mieux comprendre ce qui vous est proposé pour pouvoir ensuite faire un choix raisonné.

La conclusion de l'entretien

Demandez : qui prend le prochain contact et sous quels délais ? éventuellement, comment ?

Remerciez le recruteur pour l'entrevue

Vous pouvez aussi confirmer votre intérêt pour le poste.

Soyez vigilant jusqu'à la sortie effective du bâtiment de l'entreprise.

Section 4 : Après L'entretien

La Décompression

Détendez vous !

Capitalisez

Remplissez un compte rendu d'entretien (cf. fiche ci dessous). Faites-le proprement. Restez organisé.

Exemple :

Compte rendu d'entretien

Quand ?

Date :

Heure :

Durée :

Où ?

Qui ?

Prénom

Nom

Société

Téléphone

Commentaires

-Points positifs

-Points à améliorer

Actions

Ecrivez Une Lettre de Remerciements et de confirmation d'intérêt

C'est un conseil classique mais seulement 10 % des candidats le font. C'est précisément pour cela que je vous invite à le faire expressément. Cela vous permettra de vous démarquer des autres candidats.

Exemple de lettre de remerciement après un entretien :

Madame, Monsieur,

Merci pour le temps que vous avez bien voulu me consacrer (insérer date) pour me présenter la fonction de (insérer métier) au sein de (insérer nom de l'entreprise).

Notre entretien a confirmé ma motivation pour vous apporter mon meilleur concours.

Rappelez vos points forts par rapport au poste

Point fort 1

Point fort 2

Point fort 3

Je vous recontacterai dans les prochains jours pour refaire un point avec vous.

Dans l'attente du plaisir de notre prochain contact,…

Formule de salutations

Assurez un suivi par téléphone de votre candidature environ dans un délai de 10 jours.

Ca y est ? Vous avez une proposition …

Bravo ! Vous avez décroché votre emploi !

Conclusion : Une méthode interactive

Dites-nous comment vous avez tiré parti des informations fournies dans ce document, quelles ont été les pistes les plus utiles.

Toutes vos remarques sont les bienvenues.

Faites-nous part de vos expériences, et de vos trucs, astuces qui vous ont permis de décrocher l'emploi ou le stage en adéquation avec votre profil.

Faîtes profiter les autres de vos découvertes

Aidez-nous à tenir ce document à jour.

Les 3 meilleures contributions recevront la prochaine édition de notre guide 2009 gratuitement.

Ecrivez à :

MEDIA JD

patrick.taranto@adequatis.com en précisant dans l'objet :

Le guide des carrières 2019; point qualité

Merci

Si vous voulez bénéficier de notre expérience et de notre expertise en matière de gestion de carrière, vous pouvez contacter notre équipe de coachs par mail : patrick.taranto@gmail.com ou par téléphone au 0601325551

MEDIA JD est un cabinet de conseil en Ressources Humaines.

Nous offrons des services de recrutement et de gestion de carrières.

Pour notre activité de recrutement, nous sommes spécialisés sur les jeunes diplômés et sur l'international.

Nous avons travaillé par exemple pour des sociétés comme SAGEM, Klee, Amadeus, Bouygues, Transept,(société de services informatique).

Nous les avons aidés dans leur recrutement de jeunes diplômés européens.

Nous développons plusieurs sites dont :

Adequatis.com , le site qui aide les entreprises à trouver d'excellents jeunes diplômés en France et à l'international

Depuis 1989, nous avons aidé des milliers de cadres et de jeunes diplômés dans leur orientation. Sur la base du travail effectué avec eux, je crois pouvoir dire que : si vous suivez pas à pas tous les conseils de ce guide, vous vous mettrez sur le chemin du poste qui vous convient le mieux.

Carnet d'adresses utiles

Les incontournables

Rank	Name	
1	Career Builder	careerbuilder®
2	Indeed	indeed — one search. all jobs.
3	Linkedin	Linked in
4	Glassdoor	glassdoor®
5	Monster	monster®
6	SimplyHired	simply hired
7	Dice	Dice®

| 8 | LinkUP | LinkUp |

Listes de sources d'emplois ou de stages

Les projets échouent, faute d'une assemblée qui délibère ; Mais ils réussissent quand il y a de nombreux conseillers. Proverbes 15 :22

Sr #	Name	Link
1	01Net	www.01net.com
2	1001talents	www.1001talents.com
3	1 job for you	www.1jobforyou.com
4	Emploi - Offre d'emploi	www.1taf.com
5	Abeq	www.abeq.org.br
6	ABG - Association Bernard Gregory	www.abg.asso.fr
7	Accueiljob	www.accueiljob.com
8	ACES	www.aces-fr.com
9	Les chambres de commerce	www.acfci.cci.fr
10	Action Emploi	www.action-emploi.net
11	ActiveHire	www.activehire.com
12	Actu-CV	www.actu-cv.com
13	Adecco	www.adecco.fr
14	Adequatis	www.adequatis.com
15	Adzuna	www.adzuna.fr
16	Jobindex	www.af.dk
17	Aftenposten	www.aftenposten.no
18	Service des échanges et des stages agricoles dans le monde	www.agriplanete.com
19	Atout Cadres	www.aide-emploi.net/revu.htm
20	AIESEC	www.aiesec.org
21	America Job Bank	www.ajb.dni.us
22	Alempleo	www.alempleo.com
23	Alexandre Tic	www.alexandretic.com
24	Allo voisins	www.allovoisins.com
25	All the web - Yahoo!	www.alltheweb.com

26	Altavista - Yahoo!	www.altavista.com
27	Ambafrance	www.ambafrance.es
28	Arbeits Markt Service	www.ams.or.at
29	Suède / AMV	www.amv.se
30	Association Nationale des Docteurs	www.andes.asso.fr
31	Accueil Pôle emploi	www.anpe.fr
32	Anuntis	www.anuntis.com
33	Agence Pour la Création d'Entreprises – APCE	www.apce.com
34	APEC	www.apec.fr
35	Werk	www.arbeidsbureau.nl
36	Allemagne / Arbeitsam	www.arbeitsamt.de
37	ARCES	www.arces.com
38	Ask Jeeves	www.ask.com
39	Atuge	www.atuge.org
40	Au pair Job match	www.aupairs.co.uk
41	Australie Mag	www.australiemag.com
42	Autorecrute	www.autorecrute.com
43	Avenir Export - Avenir Expat	www.avenir-export.com
44	AEAC - Airline Employment Assistance	www.avjobs.com/table/
45	Bacpluscinq	www.bacpluscinq.com
46	B & Associés	www.b-associes.com
47	Better Business Bureau	www.bbb.org
48	Beepjob	www.beepjob.com
49	Berliner Morgenpost	www.berliner-morgenpost.de
50	Berlingske Tidende	www.berlinske.dk

51	Best jobs USA	www.bestjobsusa.com
52	Beyond	www.beyond.com
53	BFC Job	www.bfcjob.com
54	Bob has a job	www.bobhasajob.com
55	Bolsadetrabajo	www.bolsadetrabajo.com
56	Bonding	www.bonding.de
57	Börsen	www.borsen.dk
58	Buzzcity	www.buzzcity.com
59	cadrEmploi	www.cadremploi.com
60	Cadremploi	www.cadremploi.fr
61	CadresOnLine	www.cadresonline.com
62	CanadaJobs	www.canadajobs.com
63	Canal CV	www.canalcv.com
64	Canal trabajo	www.canaltrabajo.com
65	Cap Campus	www.capcampus.com
66	CareerBliss	www.careerbliss.com
67	CareerBuilder	www.careerbuilder.com
68	CareerBuilder France	www.careerbuilder.fr
69	Careerjet	www.careerjet.com
70	Careers	www.careers.org
71	Carl Henry - Henry Associates	www.carlhenry.com
72	The Joho Company	www.carrierebank.nl
73	Carriere online	www.carriereonline.com
74	CCFRCN	www.ccfbcn.es
75	Chambre de Commerce Vénézolano-Française	www.cciavf.com.ve
76	CEE	www.cee-recherche.fr
77	CEFI	www.cefi.org
78	Centrejob	www.centrejob.com

#	Name	Website
79	Centremploi	www.centremploi.com
80	Luxembourg / CEPS	www.ceps.lu
81	CEREQ	www.cereq.fr
82	CGE	www.cge.asso.fr
83	Centre d'information et de documentation jeunesse (CIDJ)	www.cidj.asso.fr
84	Council of international educational exchange (CIEE)	www.ciee.org
85	CIVI - Centre d'Information sur le Volontariat International	www.civiweb.com
86	CJD	www.cjd.net
87	Keljob	www.cmonjob.fr
88	CNISF	www.cnisf.org
89	Junior-entreprises	www.cnje.org
90	Cocef	www.cocef.com
91	Codeur	www.codeur.com
92	College Grad	www.collegegrad.com
93	College Recruiter	www.collegerecruiter.com
94	College Recruiting Coach	www.collegerecruitingcoach.com
95	Dun and Bradstreet	www.companiesonline.com
96	Monster	www.company.monster.com
97	Computrabajo	www.computrabajo.com
98	Consulfrance Madrid	www.consulfrance-madrid.org
99	Coolworks	www.coolworks.com
100	Coordination Sud	www.coordinationsud.org
101	Coordonnées	www.coordonnees.fr
102	Corriere della Sera	www.corriere.it
103	CPU	www.cpu.fr

104	Craigslist	www.craigslist.com
105	Career strategy.inc	www.csinc.co.jp
106	CURIE	www.curie.asso.fr
107	Curriculum SA	www.curriculum.ch
108	CV Conseils	www.cvconseils.com
109	Debriefing	www.debriefing.com
110	Demain, la chaîne câblée	www.demain.fr
111	Der Standart	www.derstandard.at
112	Deuxieme carriere	www.deuxiemecarriere.com
113	Agens Industri	www.di.se
114	Dialogo	www.dialogo.es
115	Dice	www.dice.com
116	Direct insurance corporate risks	www.dicr.co.uk
117	Die Presse	www.diepresse.at
118	Ministère des Affaires étrangères	www.diplomatie.fr
119	Direct CV	www.direct-cv.com
120	Direct Emploi	www.directemploi.com
121	Direct Etudiant	www.directetudiant.com
122	DiversityJobs	www.diversityjobs.com
123	Dagens Nyheter	www.dn.se
124	Targetjobs UK	www.doctorjob.com
125	Dogpile	www.dogpile.com
126	Ta Nea	www.dolnet.gr
127	Doostang	www.doostang.com
128	Ecojobs	www.ecojobs.com
129	EDUFRANCE	www.edufrance.fr
130	EESTEC	www.eestec.org
131	eFinancial careers	www.efinancialcareers.fr
132	EGIDE	www.egide.asso.fr
133	E-GO	www.e-go.fr

134	El Mundo	www.el-mundo.es
135	El Pais	www.elpais.es
136	EmailJob	www.emailjob.com
137	Embauche	www.embauche.com
138	Emds	www.emdsnet.com
139	Mediainfo	www.emedia1.mediainfo.com/emedia/
140	Empleo	www.empleo.com
141	Cadres online	www.emploi.01net.com/recherche_emploi.php
142	Emploi	www.emploi.com
143	Le Monde Initiatives	www.emploi.lemonde.fr
144	Midi libre emploi	www.emploi.midilibre.com
145	Emploi	www.emploi.org
146	Emploi collectivites	www.emploi-collectivites.fr
147	Offre-emploi	www.emploi-juridique.com
148	Emploi neo	www.emploineo.com
149	Emplois-espaces	www.emplois-espaces.com
150	Employment	www.employment.com.au
151	Engineering jobs	www.engineeringjobs.com
152	Enjoy b	www.enjoyb.fr
153	En-stage	www.en-stage.com
154	Entrepreneur	www.entrepreneur.com/humanresources/index.html
155	Entreprise et personnel	www.entreprise-personnel.com
156	E-Recrut	www.erecrut.com
157	Escapeartist	www.escapeartist.com
158	Luxembourg / ADEM	www.etat.lu/ADEM
159	Experteer	www.eu.experteer.com
160	Eurograduate	www.eurograduate.com
161	Eurojobs	www.eurojobs.com
162	Europages	www.europages.com
163	Evil HR Lady	www.evilhrlady.org

164	Exalead	www.exalead.fr
165	Cork Examiner	www.examiner.ie
166	Expresso	www.expresso.pt
167	F1rst emploi	www.f1rstemploi.com
168	Irlande / FAS	www.fas.ie
169	Frankfurter Allgemeine Zeitung	www.faz.de
170	Femmexpat	www.femmexpat.com
171	Le Figaro - Etudiant	www.figaroetudiant.com
172	Filcro	www.filcro.com
173	Fiverr	www.fiverr.com
174	Flexjobs	www.flexjobs.com
175	Fonction	www.fonction-publique.gouv.fr/score
176	Forum des telecommunications	www.forumdestelecommunications.fr
177	IMT Atlantique	www.forumtb.enst-bretagne.fr
178	Gigajob	www.fr.gigajob.com
179	Jobware	www.fr.jobware.com
180	France-Expatriés	www.france-expatries.com/Html/
181	Freelancer	www.freelancer.com
182	Frizbiz	www.frizbiz.com
183	GARF	www.garf.asso.fr
184	Geebo	www.geebo.com
185	Geojobs	www.geojobs.fr
186	Glassdoor	www.glassdoor.com
187	Grande Loge de France	www.gldf.org
188	Google France	www.google.fr
189	ADER	www.grandes-ecoles-npdc.asso.fr
190	Google Groups	www.groups.google.com
191	The Guardian	www.guardian.co.uk
192	Guichet Emploi	www.guichetemplois.gc.ca
193	Guru	www.guru.com

#	Name	URL
194	De Gazet van Amtwerpen	www.gva.be
195	Handicap International	www.handicap-international.org/pro/partir/
196	Helsingin Sanomat	www.helsinginsanomat.fi
197	Hispavista Trabajos	www.hispavista.trabajos.com
198	Hobsons European Careers	www.hobsons.com
199	Hospitality	www.hospitalitynet.org
200	Hot bot	www.hotbot.com
201	Hotjobs	www.hotjobs.com
202	The human resources social network	www.hr.com
203	HR Crossing	www.hrcrossing.com
204	Jobs city lists	www.hro.ru/en/db/jobs/
205	IAESTE	www.iaeste.free.fr
206	Iagora	www.iagora.com
207	Idealist	www.idealist.org
208	Portugal / IEFP	www.iefp.pt
209	Il Sole 24 Ore	www.ilsole24ore.it
210	INA - Institut national de l'Audiovisuel	www.ina.fr/Pratique/Recrutement/
211	Small business ideas and resources for entrepreneurs	www.inc.com
212	Indeed	www.indeed.com
213	Indeed France	www.indeed.fr
214	The Independent	www.independent.co.uk
215	Irish Independent	www.independent.ie
216	Indolink	www.indolink.com
217	Inem	www.inem.es
218	Infojobs - Bolsa de Trabajo	www.infojobs.net

219	Infoseek	www.infoseek.com
220	Association Bernard Gregory	www.intelliagence.fr
221	International Services	www.internationalservices.fr
222	Internship programs	www.internshipprograms.com
223	Iquesta	www.iquesta.com
224	Irecrut	www.irecrut.com
225	Irish Times	www.irish-times.ie
226	ITU - International Telecommunications Union	www.itu.int
227	Jemepropose	www.jemepropose.com
228	Jobs & Adverts	www.job.de
229	Job bank	www.jobbankusa.com
230	Jobboom	www.jobboom.com
231	Emploi, recrutement, travail en France	www.jobbydoo.fr
232	JobDiagnosis	www.jobdiagnosis.com
233	JobFinance	www.jobfinance.com
234	Jobg8	www.jobg8.com
235	JobHat	www.jobhat.com
236	Jobijoba	www.jobijoba.com
237	Jobijoba France	www.jobijoba.fr
238	Job in live	www.jobinlive.com
239	Job in tree	www.jobintree.com
240	Job inventory	www.jobinventory.com
241	Job is job	www.jobisjob.com
242	Job is job France	www.jobisjob.fr
243	Monster Spain	www.jobline.es
244	Jobnet	www.jobnet.co.il
245	Jobntic	www.jobntic.com
246	Job on line - Italie	www.jobonline.it

247	Joboolo	www.joboolo.com
248	Jobpilot	www.jobpilot.net/companyoverview/
249	Jobrapido	www.jobrapido.com
250	Jobnavigator	www.jobs.co.za
251	Jobs France	www.jobs.fr
252	Jobs.lu	www.jobs.lu
253	SHRM jobs	www.jobs.shrm.org
254	Jobs2Careers	www.jobs2careers.com
255	Job safari	www.jobsafari.no
256	Vacature	www.jobs-career.be
257	JobScout 24	www.jobscout24.fr
258	JobsFlag	www.jobsflag.com
259	Jobsite	www.jobsite.co.uk
260	JobsRadar	www.jobsradar.com
261	Jobstage	www.jobstage.com
262	Job Target	www.jobtarget.com
263	Job this	www.jobthis.fr
264	Career advice - Monster	www.jobtrak.com
265	Job vente	www.jobvente.com
266	Jobvertise	www.jobvertise.com
267	Jooble	www.jooble.org
268	Jyllands-posten	www.jp.dk
269	The Jerusalem Post	www.jpost.com
270	Juju	www.juju.com
271	Juste1emploi	www.juste1emploi.fr
272	Kang	www.kang.fr
273	Keework	www.keework.com
274	Keljob	www.keljob.com
275	kompass	www.kompass.com
276	Die Kronen Zeitung	www.krone.at
277	Kurier	www.kurier.at

278	Laboris	www.laboris.net
279	LabourMobility	www.labourmobility.com
280	La Recherche	www.larecherche.fr/EMP/
281	Le guide des "executive recruiters" mexicains.	www.latpro.com
282	Lebanon.com	www.lebanon.com/employment
283	Leboncoin	www.leboncoin.fr
284	Association de voyageurs, annuaires d'employeurs	www.leclubteli.free.fr
285	Le Forem	www.leforem.be
286	Le Rucher de l'Emploi	www.lerucher.com
287	LesEchos	www.lesechos.fr
288	LesJeudis	www.lesjeudis.com
289	Lespmerecrutent	lespmerecrutent (Facebook)
290	L'Etudiant	www.letudiant.fr
291	Levo	www.levo.com/jobs
292	LinkedIn	www.linkedin.com
293	LinkedIn - HR (#1 Human Resources Group)	www.linkedin.com/groups/Linked-HR-1-Human-Resources-3761?gid=3761
294	LinkedIn - Human Resources Professionals Worldwide	www.linkedin.com/groups?gid=62887
295	lve	www.lve-marketvente.fr
296	Lycos	www.lycos.fr
297	Malt - Hop work	www.malt.fr
298	Manpower	www.manpower.co.uk
299	Manpower France	www.manpower.fr
300	Marketing consultant	www.marketingconsultant.uk.com

301	MBAFocus	www.mbafocus.com
302	MCCC News	www.mccc.edu/~humphrew/whatsnew/richardstone.htm
303	MERC	www.merc.ie
304	Metacrawler	www.metacrawler.com
305	Meteo Job	www.meteojob.com
306	Michael Page	www.michaelpage.com
307	Michael Page Junior	www.michaelpagejunior.com
308	MOL	www.mol.fi
309	Monster UK	www.monster.co.uk
310	Monster	www.monster.com
311	Monster Spain	www.monster.es
312	Monster France	www.monster.fr
313	Werk zoeken - Monster NL	www.monsterboard.nl
314	Moovijob	www.moovijob.fr
315	MSN	www.msn.com
316	MyJobHelper	www.myjobhelper.com
317	OTAN - Organisation du Traité de l'Atlantique Nord	www.nato.int/structur/recruit/
318	Naukri	www.naukri.com
319	Needelp	www.needelp.com
320	Neuvoo	www.neuvoo.com
321	Nexus	www.nexus.ch
322	NRC Recruitment Specialists	www.nrc.ie
323	NRC Handelsblad	www.nrc.nl
324	OECD	www.oecd.org
325	Offre-emploi	www.offre-emploi.com
326	Oficina de Empleo	www.oficinaempleo.com

327	Office franco-québécois pour la jeunesse (OFQJ)	www.ofqj.org
328	O'malley recruitment	www.omalley-intersearch.com
329	ONISEP	www.onisep.fr
330	OnlineNewspapers	www.onlinenewspapers.com
331	Option carriere	www.optioncarriere.com
332	Belgique / ORBEM	www.orbem.be
333	OuestJob	www.ouestjob.com
334	Overseas Jobs Express	www.overseasjobs.com
335	PacaJob	www.pacajob.com
336	Michael Page Junior	www.pagetalent.fr
337	Paruvendu	www.paruvendu.fr
338	L'Obs	www.permanent.nouvelobs.com/conseils/emploi/indexemp.html
339	Peter Smith & Associates	www.petersmithsearch.com
340	Phosphore	www.phosphore.com
341	Placeojeunes	www.placeojeunes.com
342	Placeojeunes France	www.placeojeunes.fr
343	Emploi des PME	www.pmejob.fr
344	Personnel Net	www.pnet.co.za
345	L'Espace Emploi International	www.pole-emploi.fr
346	Politiken	www.politiken.dk
347	PostJobFree	www.postjobfree.com
348	Purejobs	www.pure-jobs.com
349	Qapa	www.qapa.fr
350	Qualisphere	www.qualisphere.com
351	Recruit.net	www.recruit.net
352	Recruitireland	www.recruitireland.com

#	Name	URL
353	Recruitment coach	www.recruitmentcoach.com
354	Recrut	www.recrut.com
355	Regions job	www.regionsjob.com
356	Resume.com	www.resume.com
357	Resume Library	www.resume-library.com
358	Reuters	www.reuters.com/careers/
359	RFI - Radio France International	www.rfi.fr
360	Cabinet Richelieu	www.richelieu-consultants.fr
361	Seek	www.seek.com.au
362	Service-public.fr	www.service-public.fr
363	Showbiz Jobs	www.showbizjobs.com
364	Society for human resource management	www.shrm.org/pages/default.aspx
365	Simply hired	www.simplyhired.fr
366	SnagAJob	www.snagajob.com
367	Social talent	www.socialtalent.co
368	De Standaard	www.standaard.be
369	StartWire	www.startwire.com
370	Stellenmarkt	www.stellenmarkt.de
371	StepStone	www.stepstone.com
372	StepStone France	www.stepstone.fr
373	Stootie	www.stootie.com
374	Süddeutsche Zeitung	www.sueddeutsche.de
375	Summer jobs	www.summerjobs.com
376	Svenska Dagbladet	www.svd.se
377	Salzburger Nachtrichten	www.swissclick.ch
378	SYNTEC	www.syntec-management.com
379	TalentManager	www.talentmanager.com
380	Teens4Hire	www.teens4hire.org

381	De Telegraaf	www.telegraaf.nl
382	Sunday Telegraph	www.telegraph.co.uk
383	Teoma	www.teoma.com
384	Finlande / MF	www.te-palvelut.fi/te/en/index.html
385	The Times/Sunday Times	www.the-times.co.uk
386	London Evening Standard	www.thisislondon.co.uk
387	Todo trabajo	www.todotrabajo.com
388	La toile du Québec	www.toile.qc.ca/guides/economie/emploi/
389	Top grading	www.topgrading.com
390	TopUSAJobs.com	www.topusajobs.com
391	Total Jobs	www.totaljobs.com
392	Totally hired	www.totallyhired.com
393	Trabajo	www.trabajo.org
394	Transfac	www.transfac.fr
395	Trends	www.trends.be
396	Trovit	www.trovit.com
397	Trovit France	www.trovit.fr
398	United Arab Emirates Internet pages	www.uae-pages.com
399	UCCIFE	www.uccife.org
400	UN OHRM	www.un.org/french/Depts/OHRM/
401	IAU	www.unesco.org/iau
402	Upwork	www.upwork.com
403	US.jobs	www.us.jobs
404	La Vanguardia	www.vanguardia.es
405	Belgique / VDAB	www.vdab.be
406	Virtuajob	www.virtuajob.com
407	Vivastreet	www.vivastreet.com
408	Voilà	www.voila.fr
409	De Volskrant	www.volkskrant.nl

410	The Washington Post	www.washingtonpost.com
411	Wcn	www.wcn.co.uk
412	Webcible	www.webcible.com
413	Webindia	www.webindia.com
414	Die Welt	www.welt.de
415	Woozjob	www.woozjob.com/fr/
416	Workopolis	www.workopolis.com
417	Luxemburger Wort	www.wort.lu
418	Yahoo!	www.yahoo.com
419	Yahoo! France	www.yahoo.fr
420	YoupiJob	www.youpijob.fr
421	Zip recruiter	HYPERLINK "http://www.ziprecruiter.com" www.ziprecruiter.com

9 Great Resources for Human Resources Professionals

http://evilhrlady.org/

http://www.hr.com/

http://www.shrm.org/pages/default.aspx

http://www.entrepreneur.com/humanresources/index.html

Human Resources Professionals Worldwide https://www.linkedin.com/groups?gid=62887

Linked:HR (#1 Human Resources Group) https://www.linkedin.com/groups/Linked-HR-1-Human-Resources-3761?gid=3761

http://www.hrcrossing.com/

http://jobs.shrm.org/home/home.cfm?site_id=1612

http://hr.indeed.com/

http://wefollow.com/interest/humanresources

http://recruitloot.com/

http://www.socialtalent.co/

Top Freelancing Platforms (World Wide):

Rank	Name	
1	Upwork	upwork
2	Freelancer	freelancer
3	Guru	guru
4	People Per Hour	peopleperhour

5	Fiverr	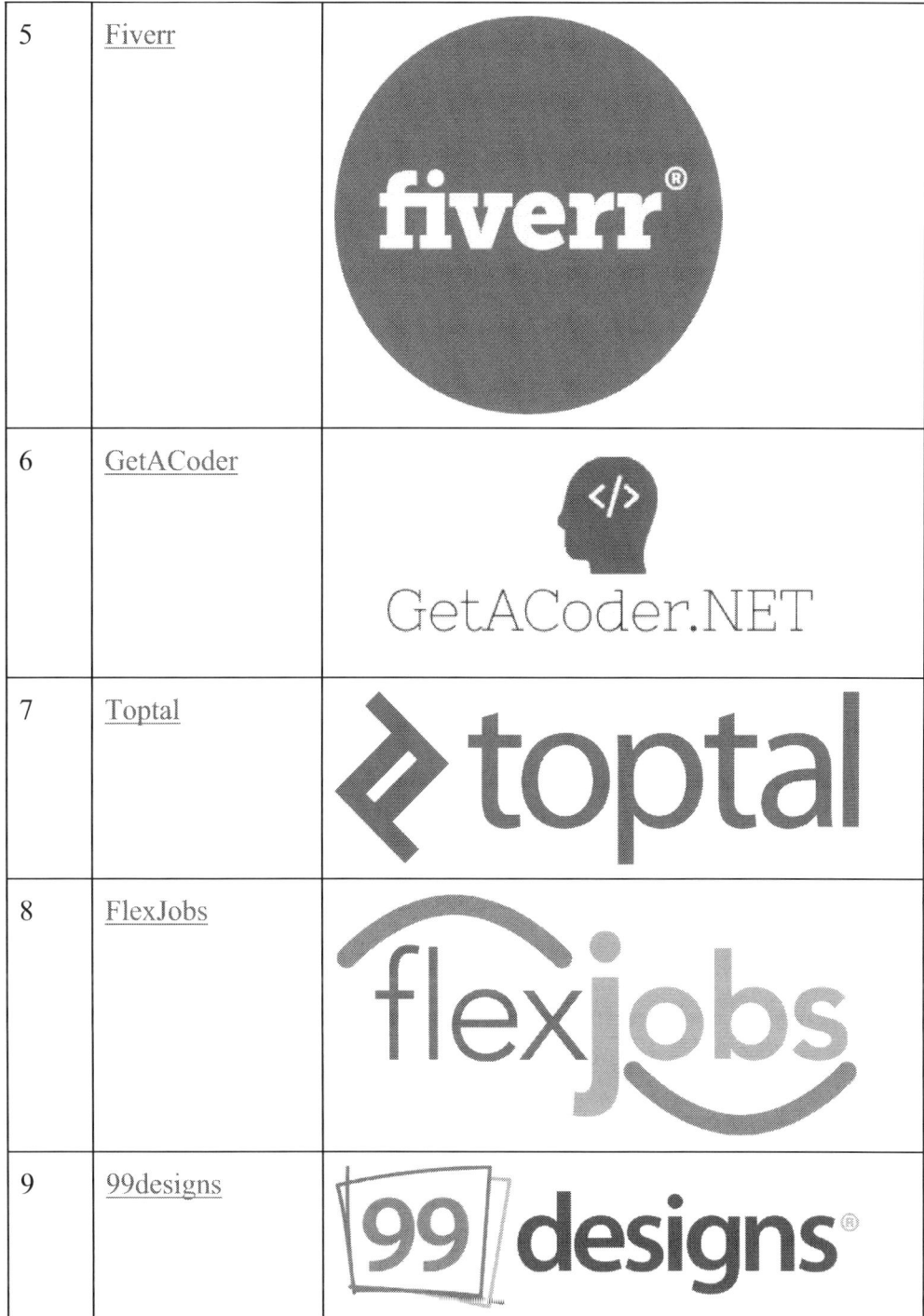
6	GetACoder	
7	Toptal	
8	FlexJobs	
9	99designs	

Les meilleurs apps pour trouver un emploi (worldwide)

Sr #	Application name	Google Play link	Apple Store link
1	Indeed Job Search	https://play.google.com/store/apps/details?id=com.indeed.android.jobsearch	https://itunes.apple.com/us/app/indeed-job-search/id309735670
2	Good&Co	https://play.google.com/store/apps/details?id=co.good.android	https://itunes.apple.com/us/app/good-co-find-your-personality/id892559034
3	Job Search	(Coming soon)	https://itunes.apple.com/us/app/switch-job-search-app/id879185767
4	Glassdoor Job Search	https://play.google.com/store/apps/details?id=com.glassdoor.app	https://itunes.apple.com/us/app/glassdoor-job-search-salaries/id589698942
5	Snagajob	https://play.google.com/store/apps/details?id=com.snagajob.jobseeker	https://itunes.apple.com/us/app/job-search-snagajob/id333188676
6	Simply Hired	(Coming soon)	https://itunes.apple.com/us/app/job-search-simply-hired/id730634951
7	cPro / CPlus for Craigslist	https://play.google.com/store/apps/details?id=craigs.pro.plus	https://itunes.apple.com/us/app/cplus-for-craigslist/id955286870

Bibliographie

Chéri(e) Je m'expatrie Alix Carnot Eyrolles

Choisir un métier selon son profil de Jacques Douënel (Auteur), Iole Sedes (Auteur)

Votre entretien d'embauche : 107 conseils pour le réussir Les Editions d'organisation Daniel Porot :

Priorité aux priorités Stephen Covey First Editions

La 8eme habitude Stephen Covey

Les 7 habitudes de ceux qui reussissent tout ce qu'ils entreprennent. Stephen Covey

Lisez dans vos adversaires à livre ouvert Nierenberg/Calero Albin Michel

Comment réussir une négociation Ury Fisher Seuil

Les cinq premières minutes Peltant /Grzybowski Retz

Les 200 bonnes réponses aux 200 questions clés de l'entretien d'embauche Martin John Yate

Votre entretien d'embauche : 107 questions pour le réussir Daniel Porot

Printed in Poland
by Amazon Fulfillment
Poland Sp. z o.o., Wrocław